This book belongs to:

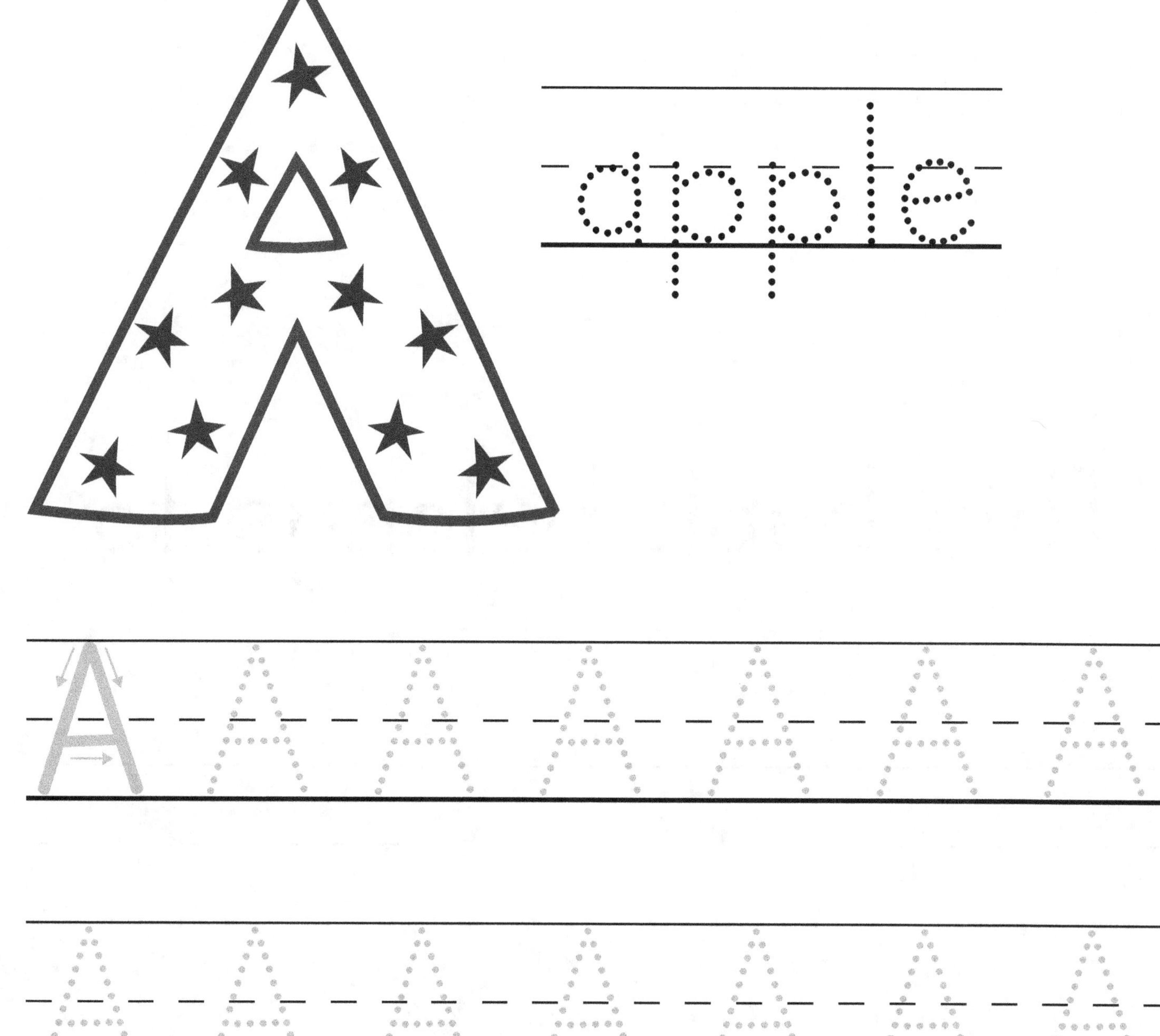
apple

a

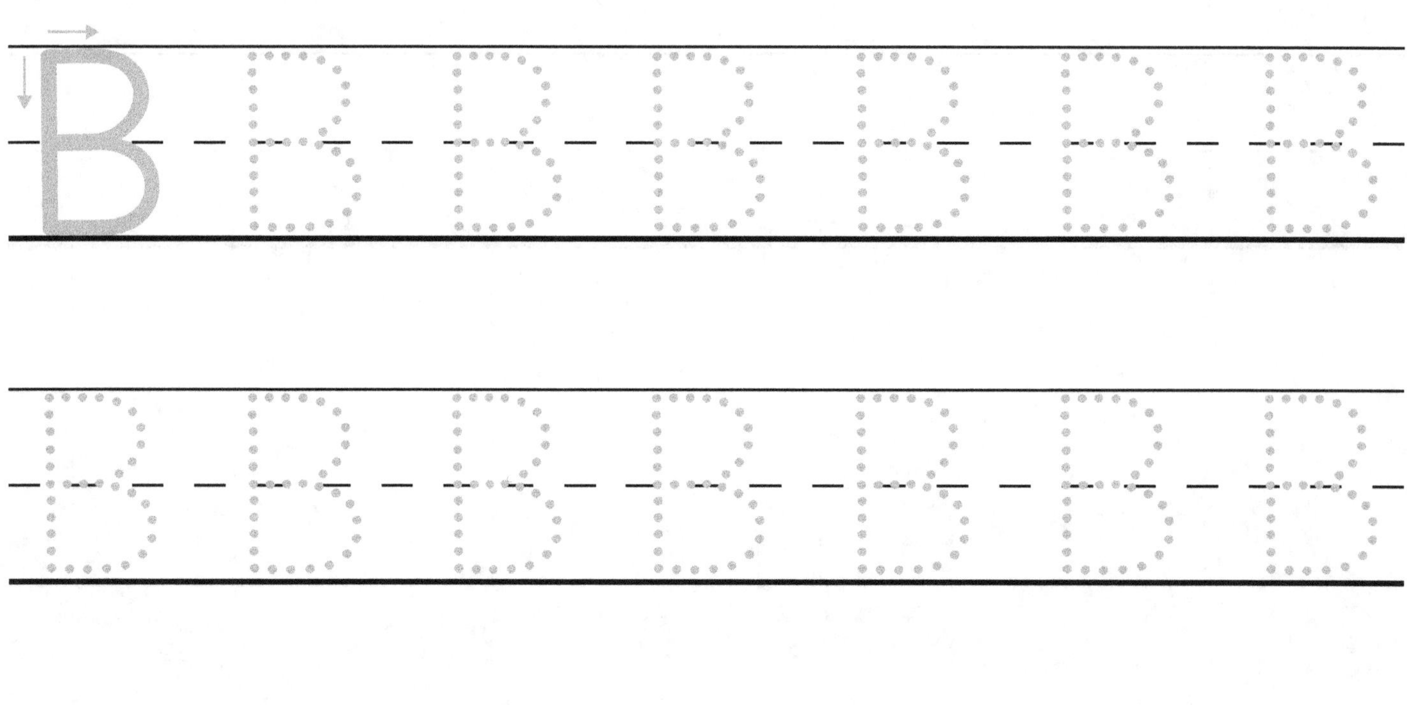
ball

b b b b b b b

b b b b b b b

b b b b b b b

b

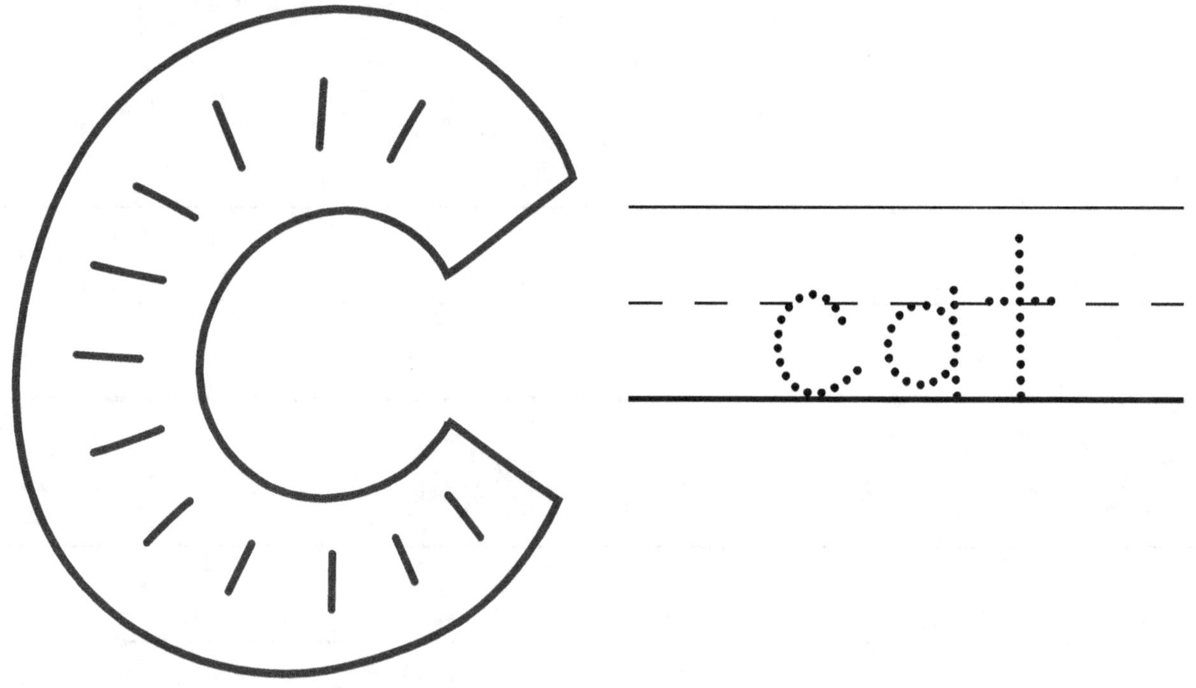

cat

c

d

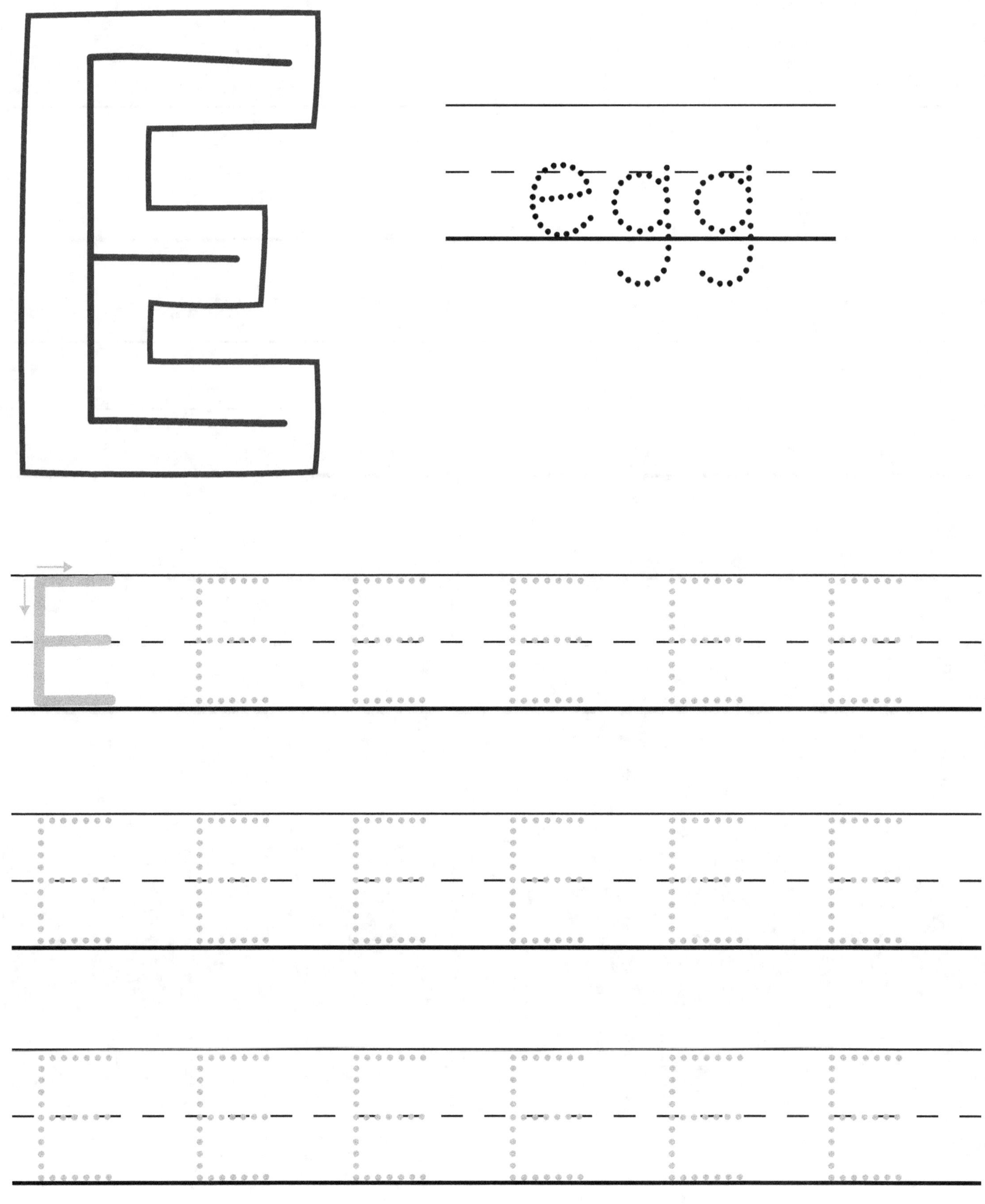

egg

e e e e e e e e e

e e e e e e e e e

e e e e e e e e e

e

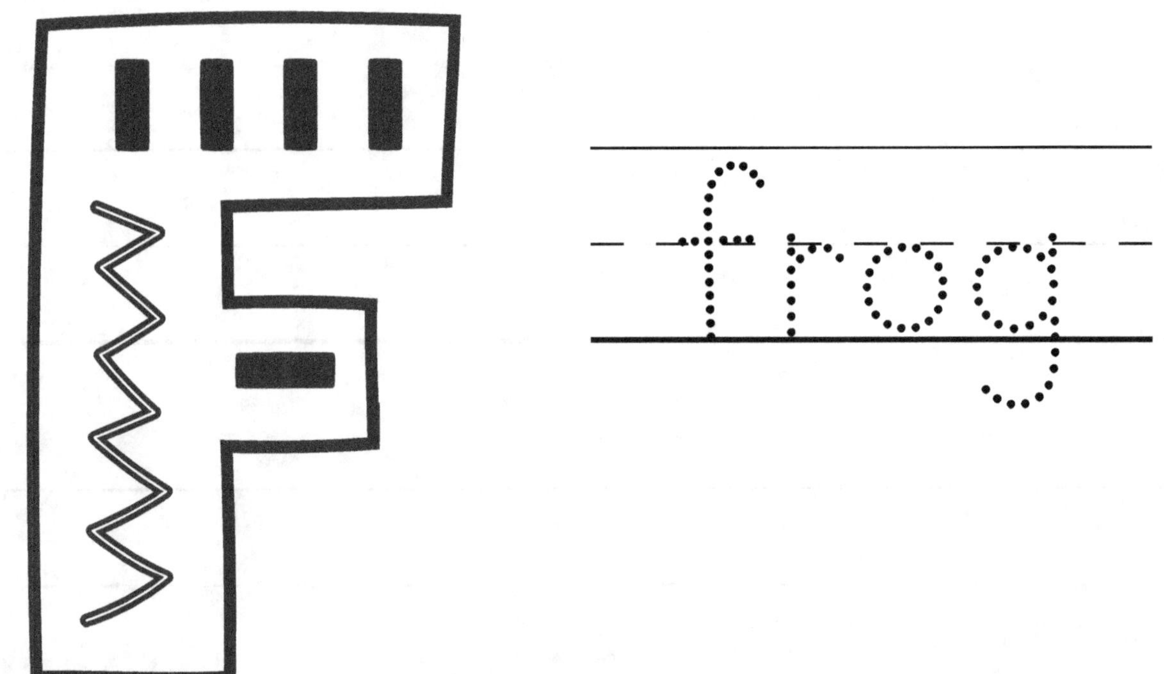

frog

f

goat

g

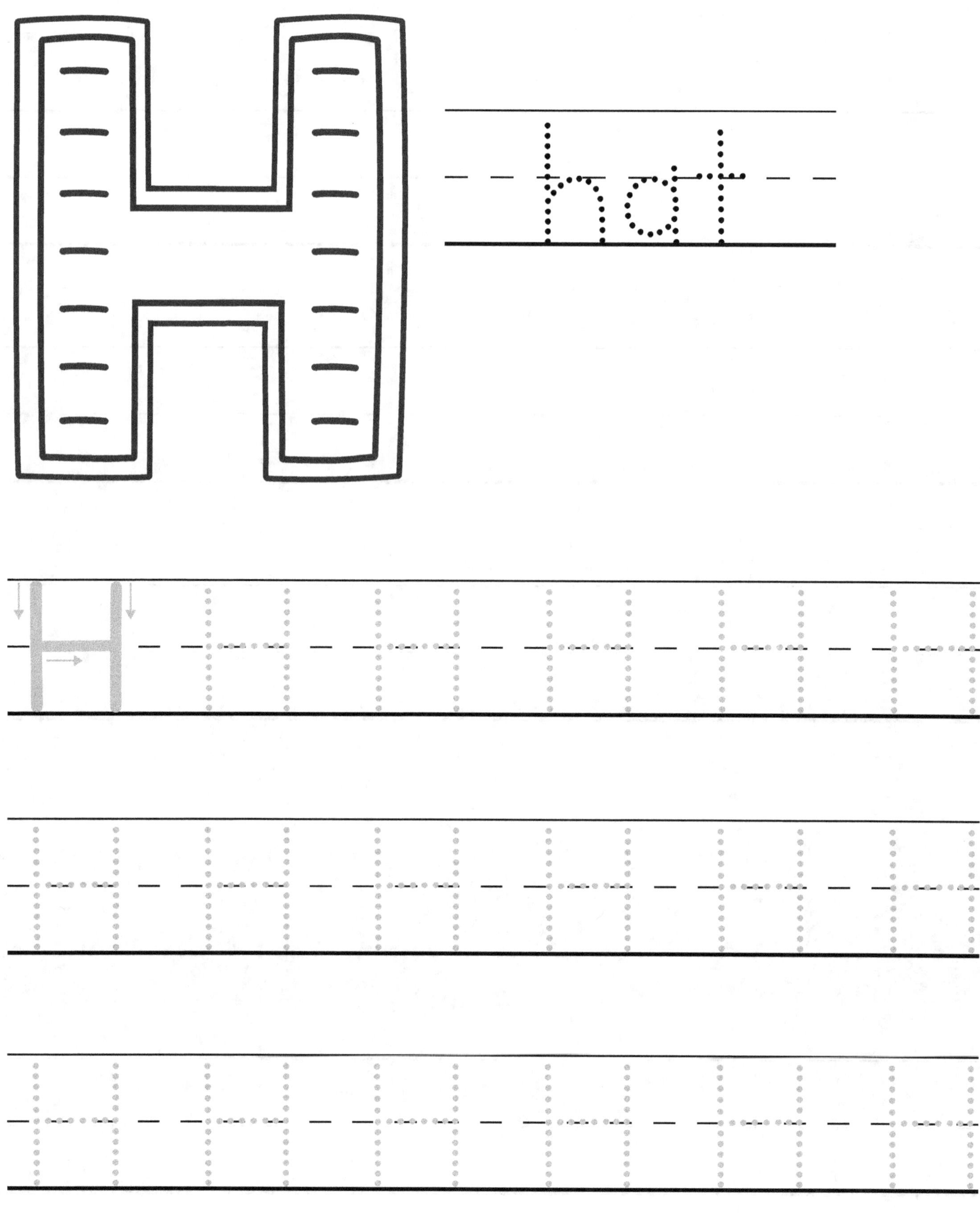

hat
H

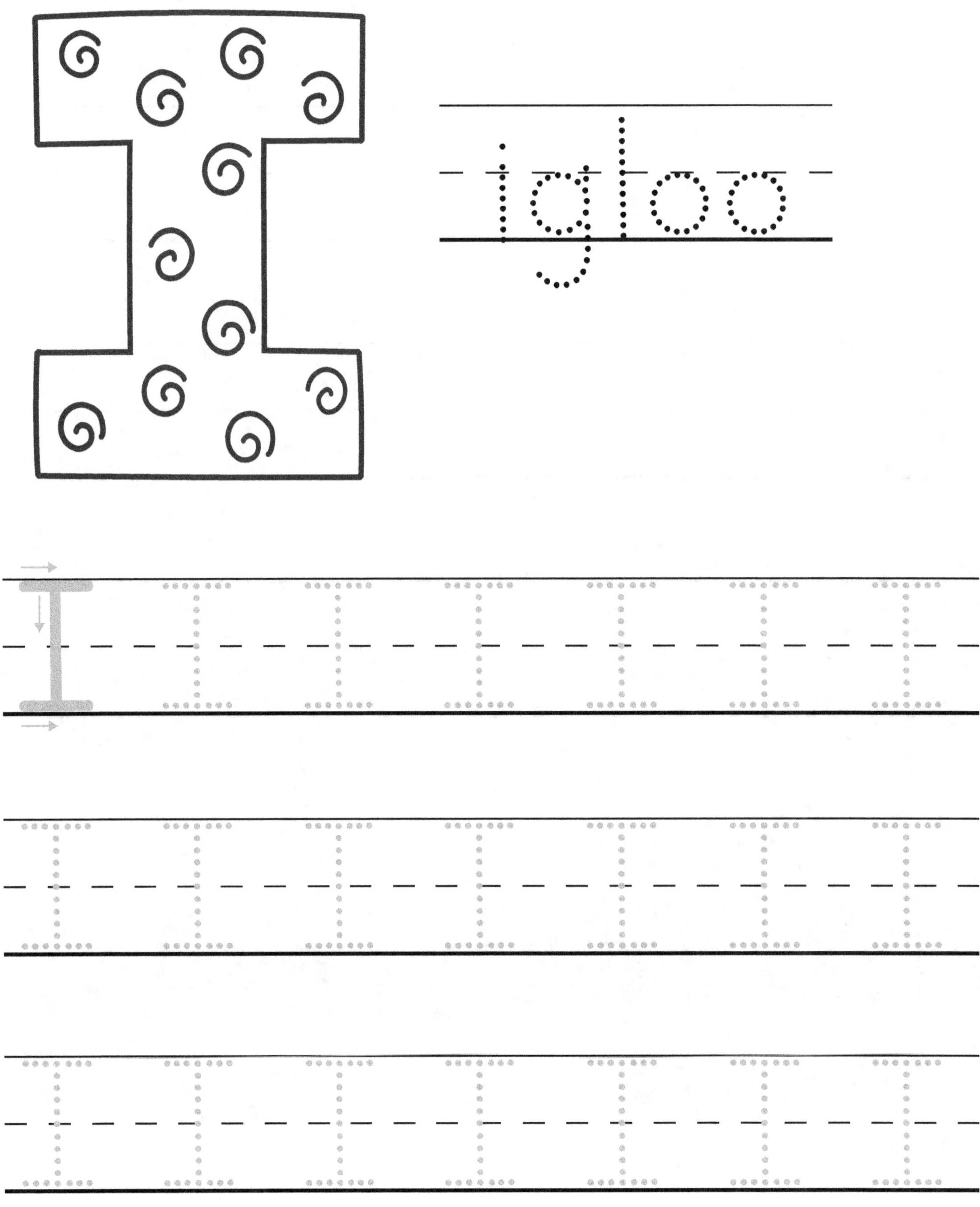
igloo

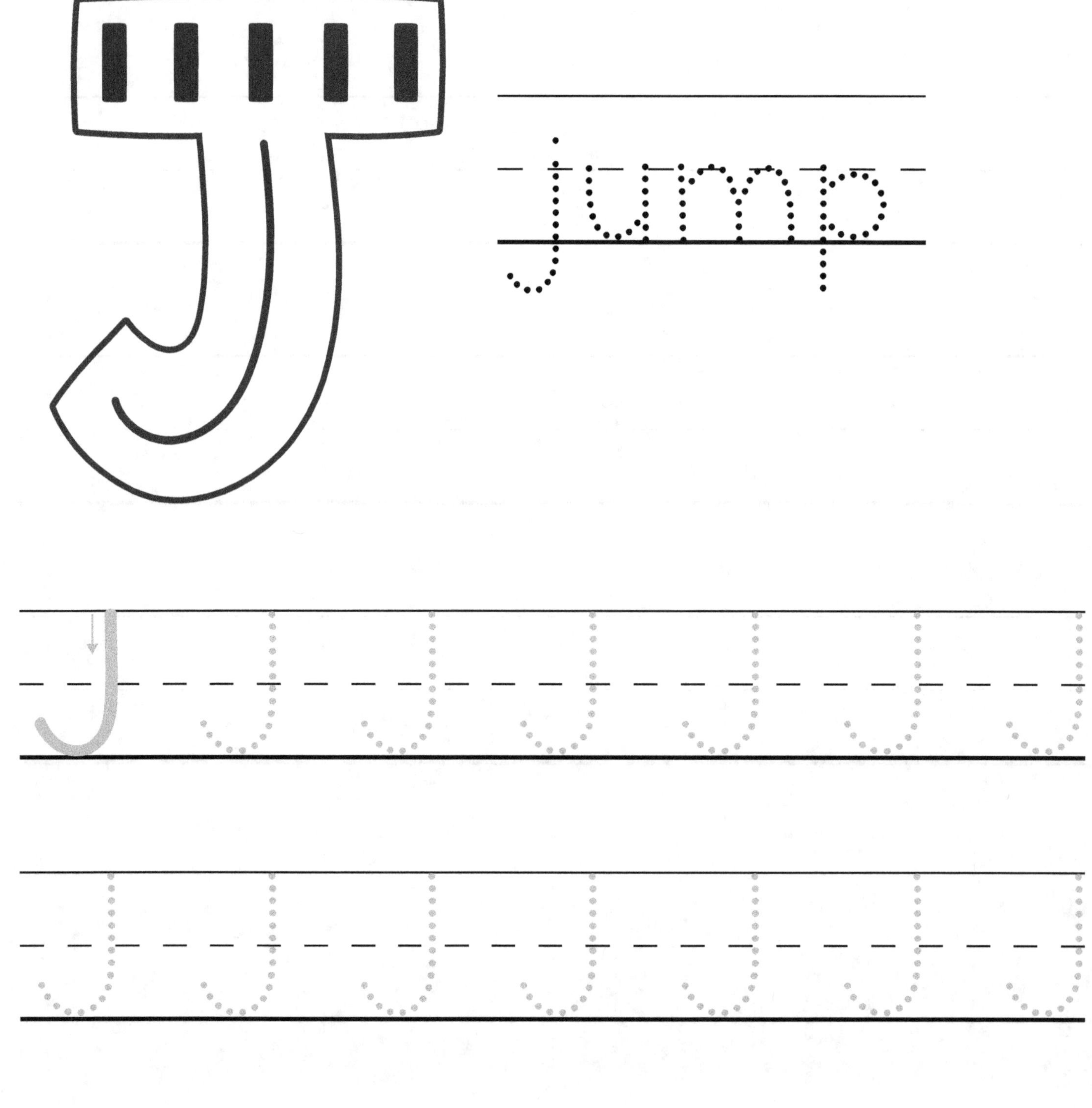

j

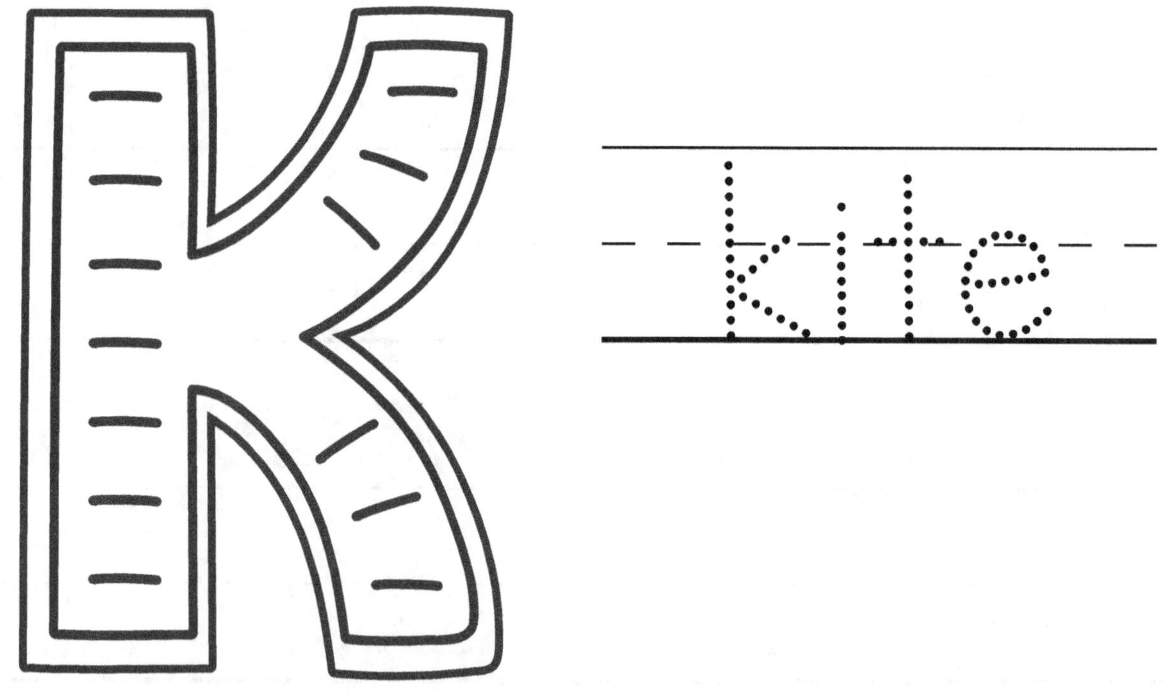
kite

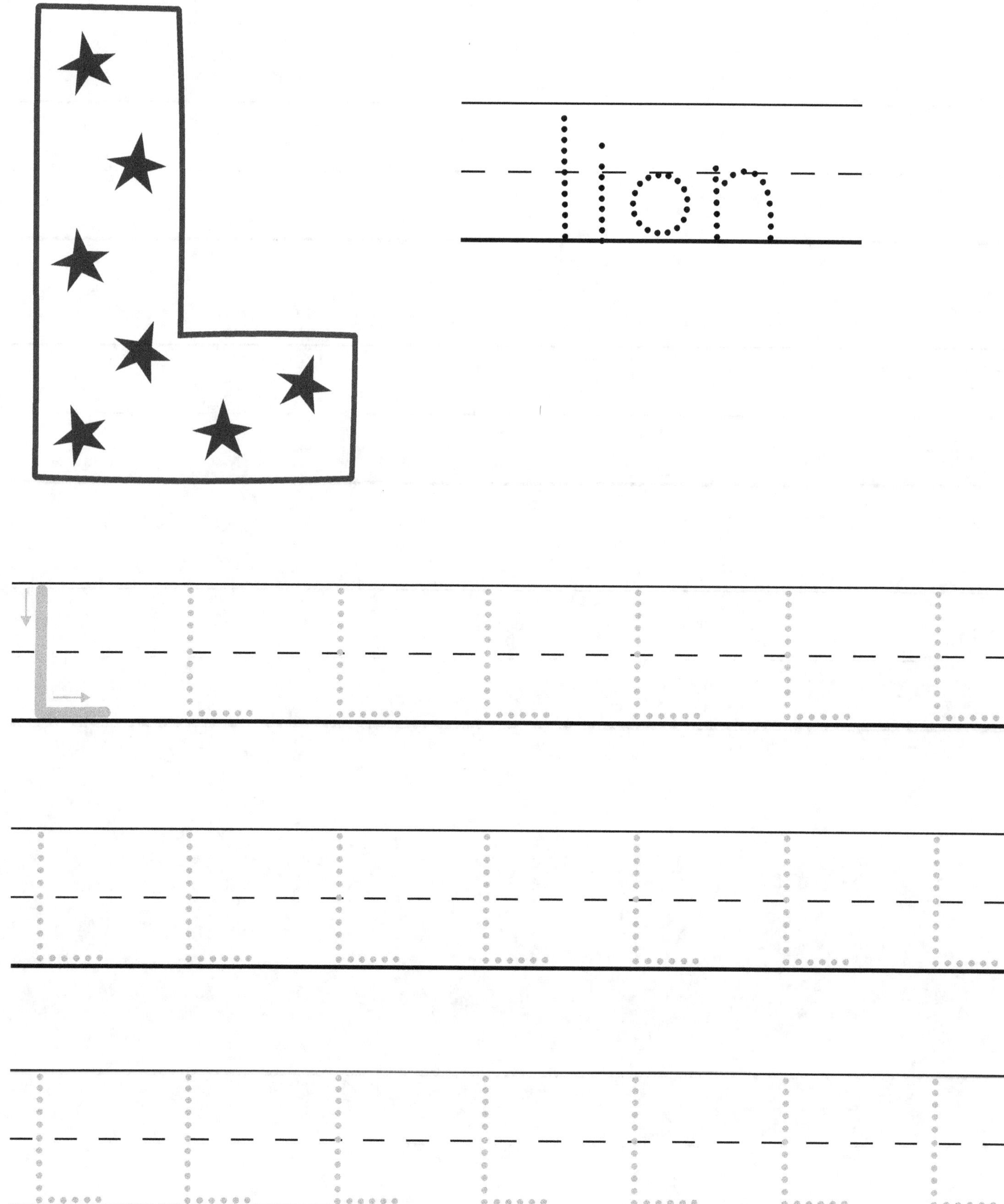
lion

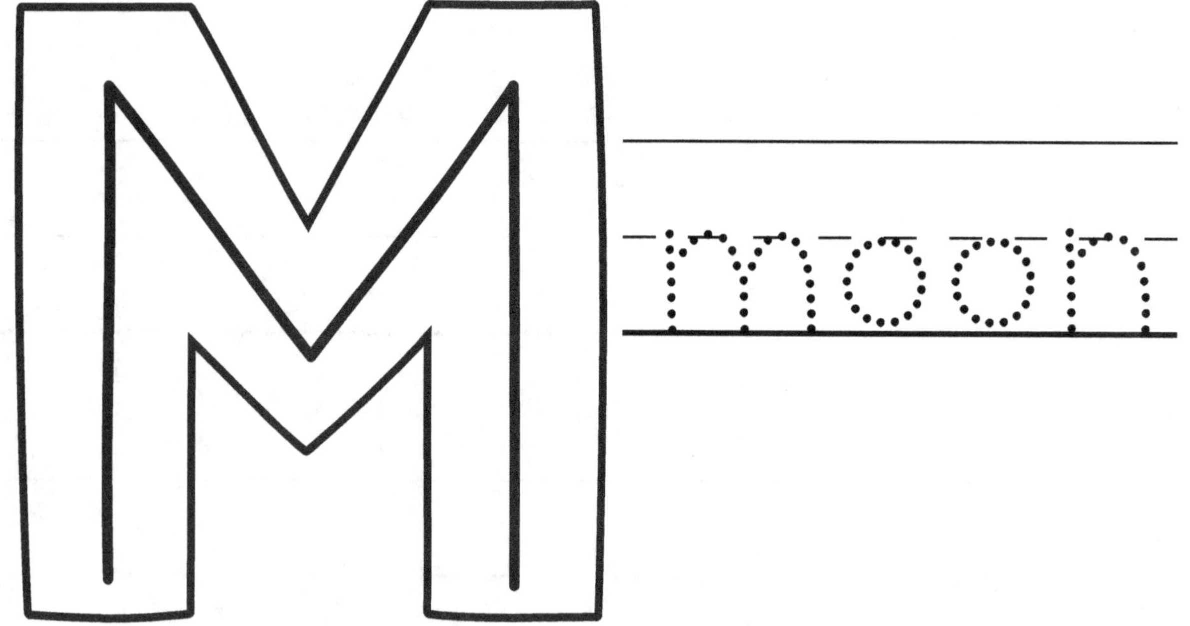

moon

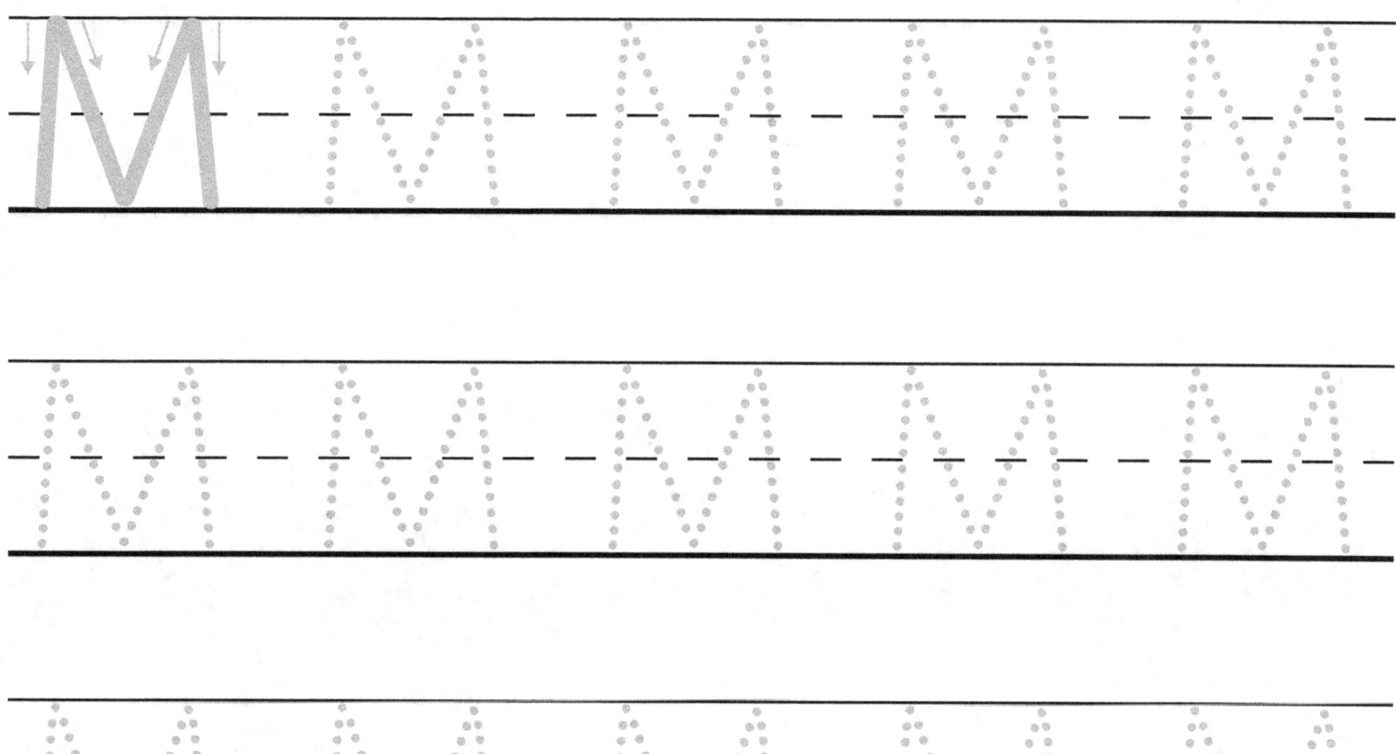

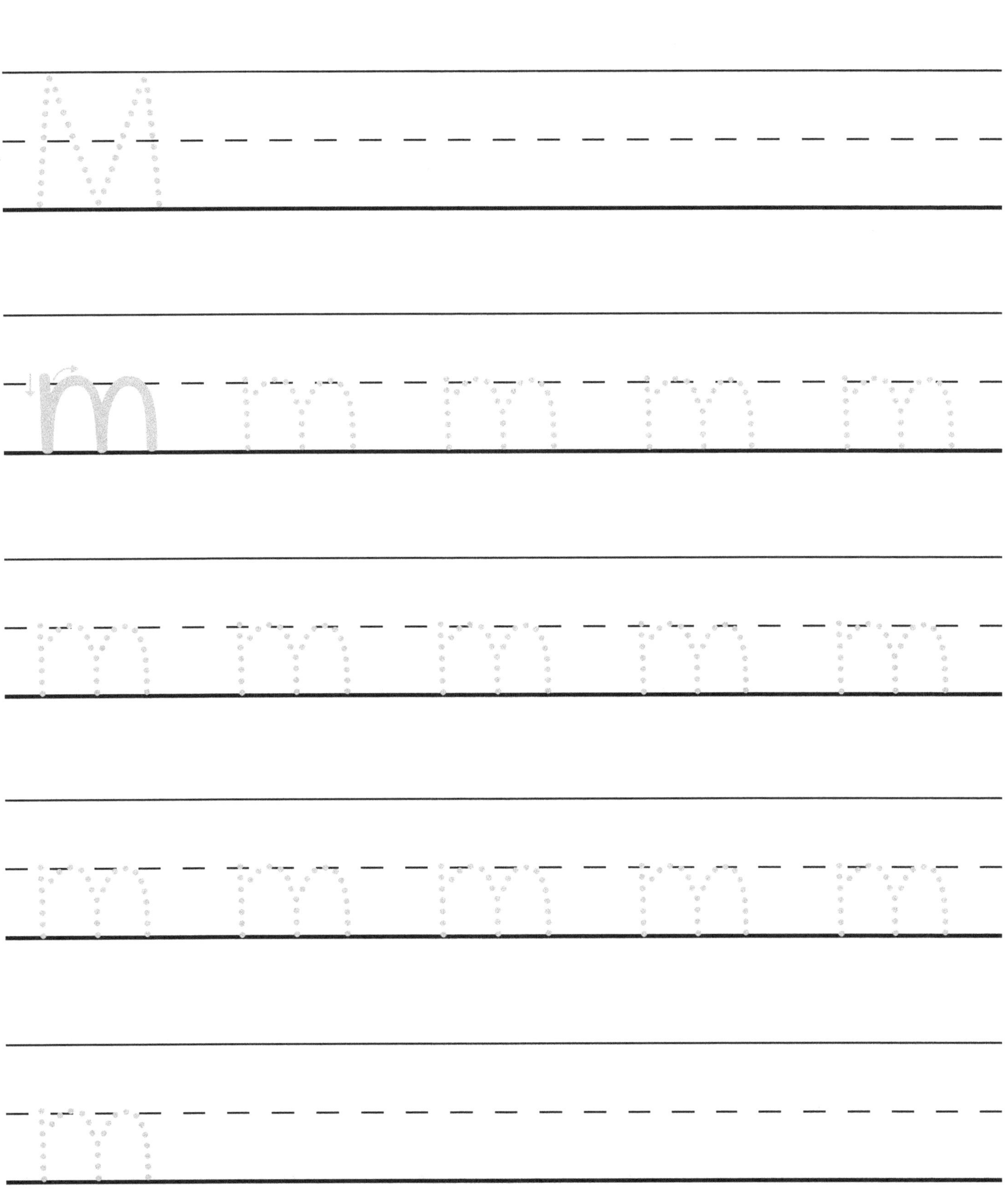

nest

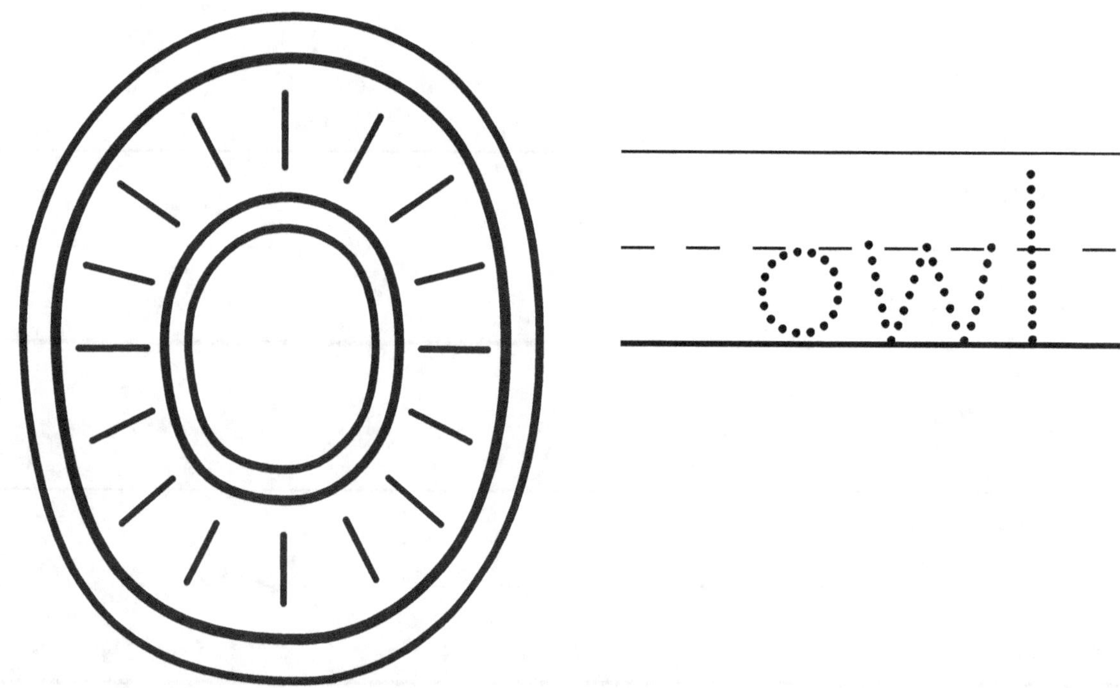

owl

pig

p

queen

Q

q

run

R R R R R R R R

R R R R R R R

R R R R R R

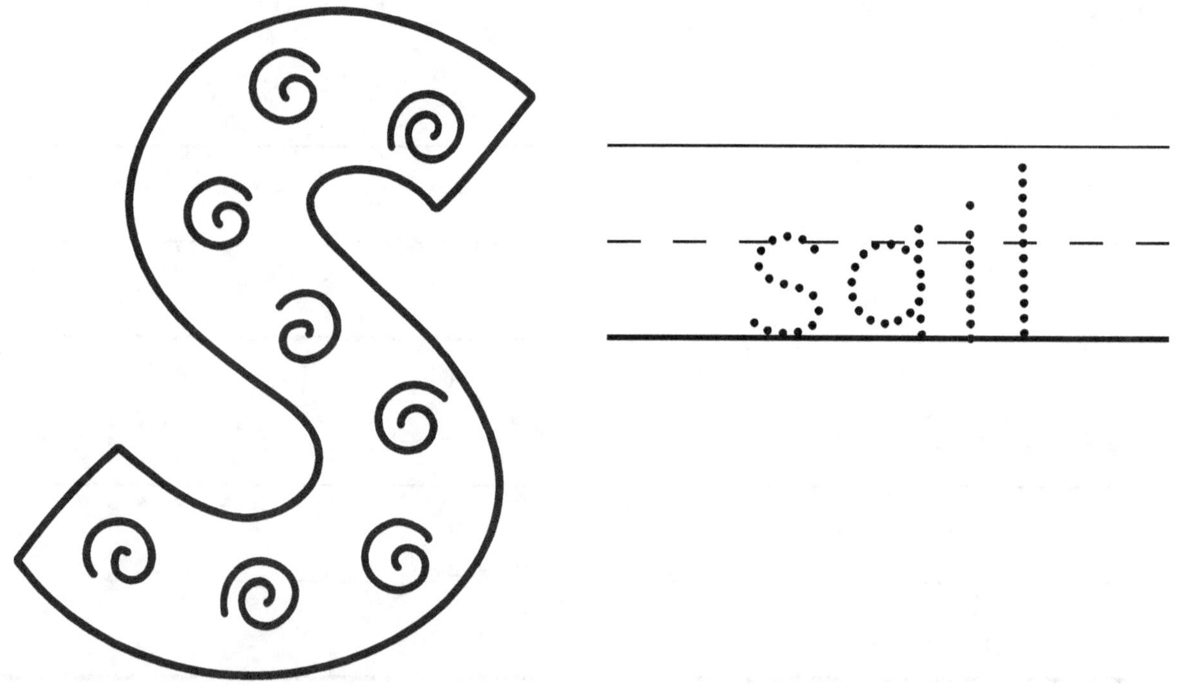

sail

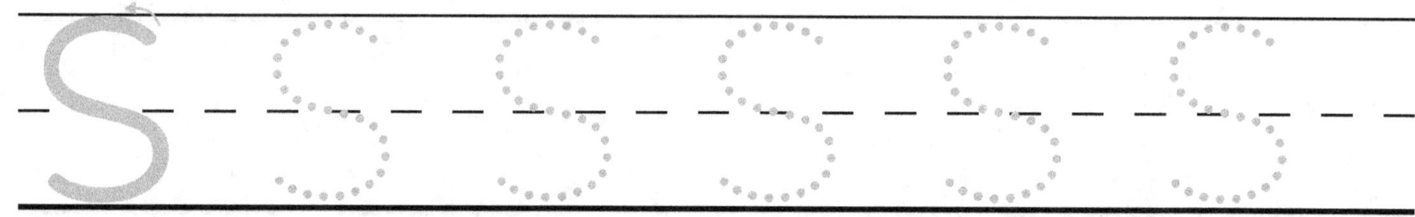

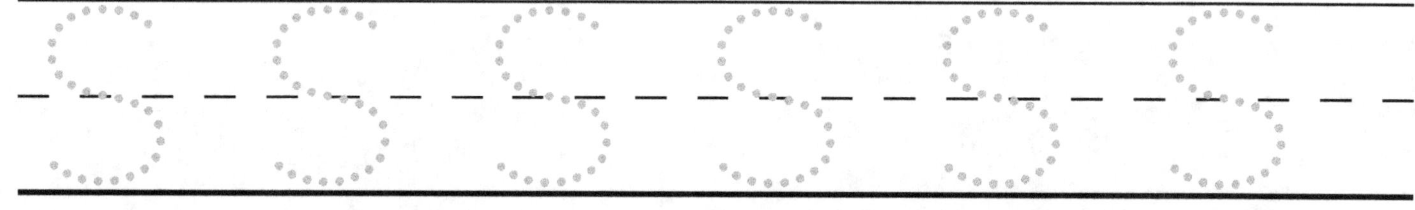

s

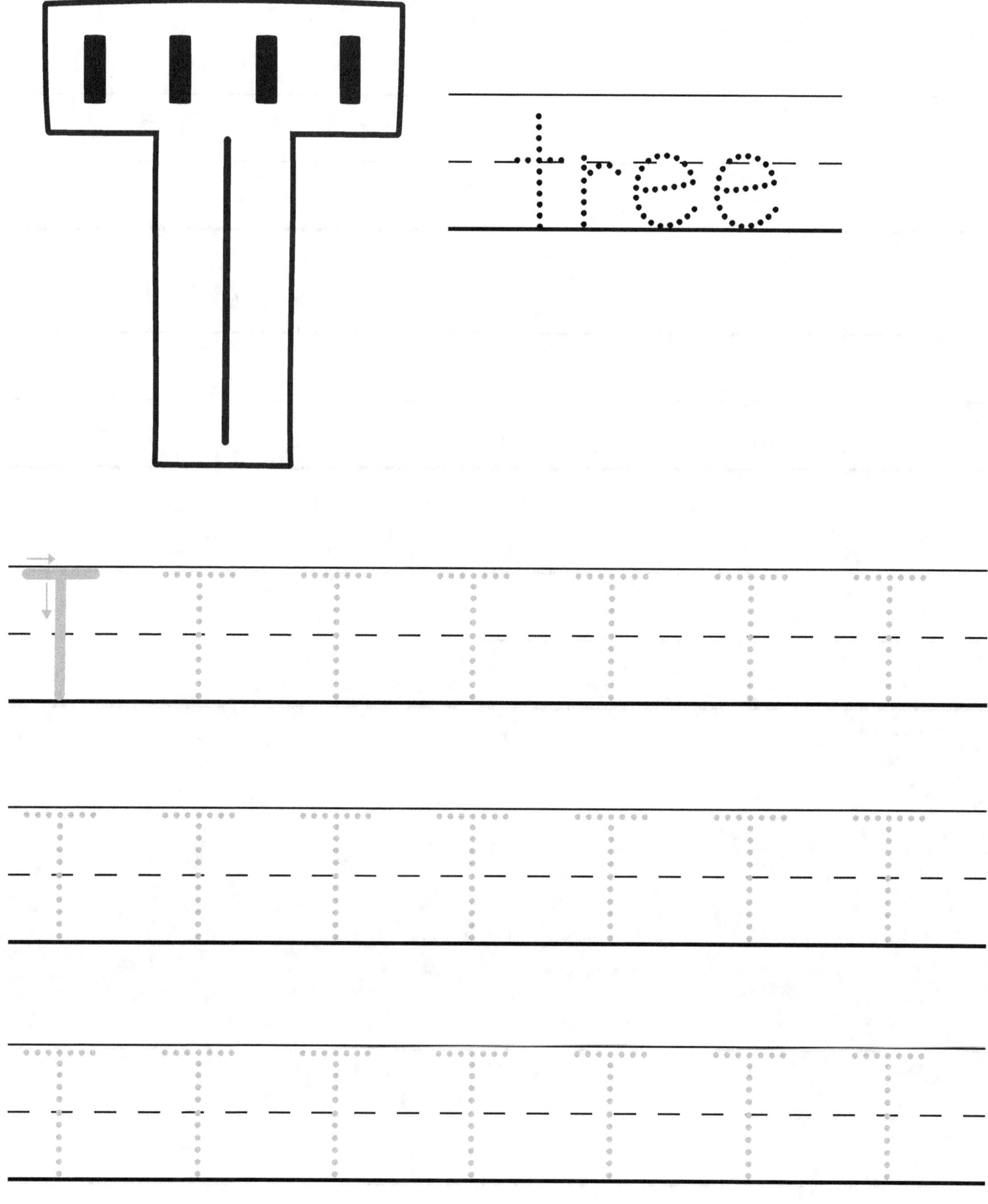
tree

under

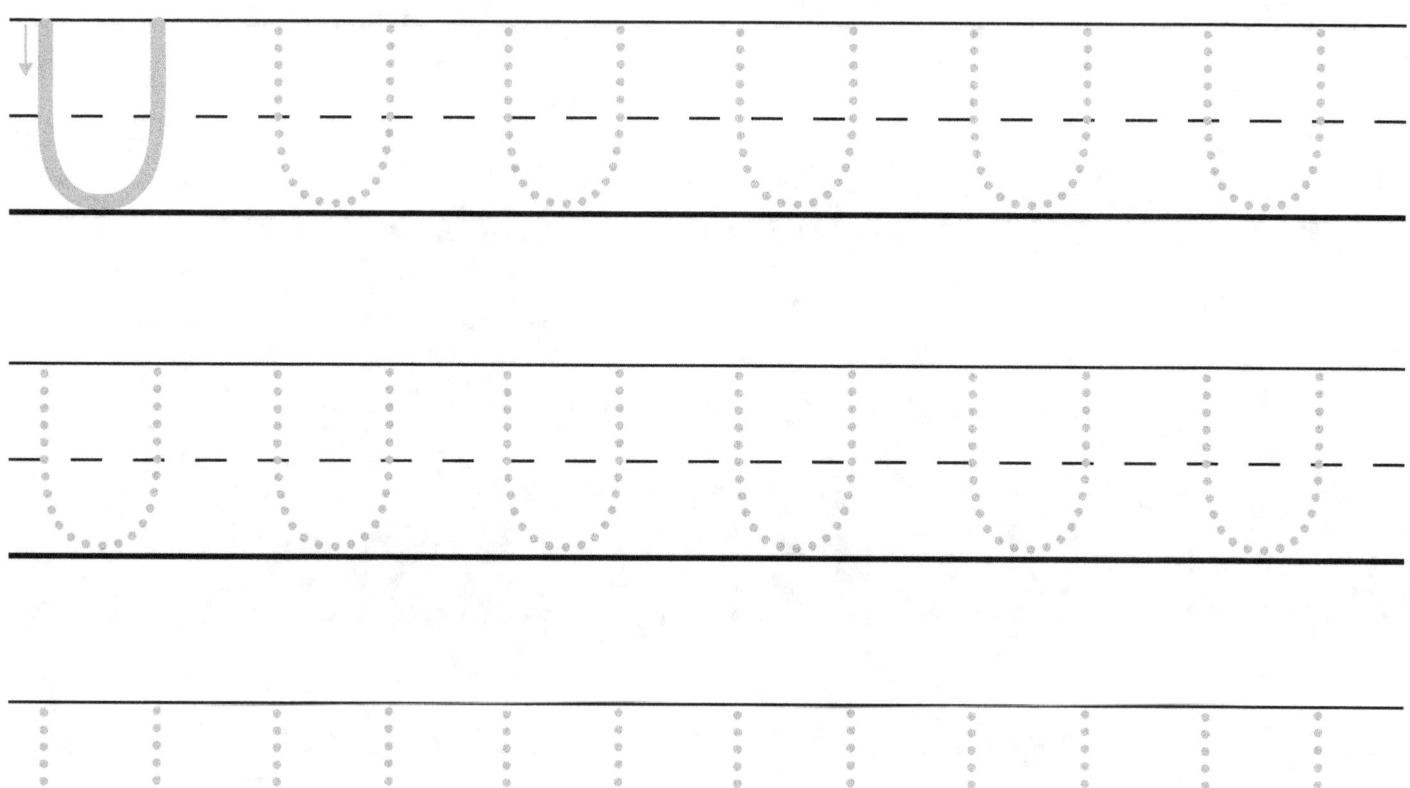

vase

v v v v v v v

v v v v v v v

v v v v v v v

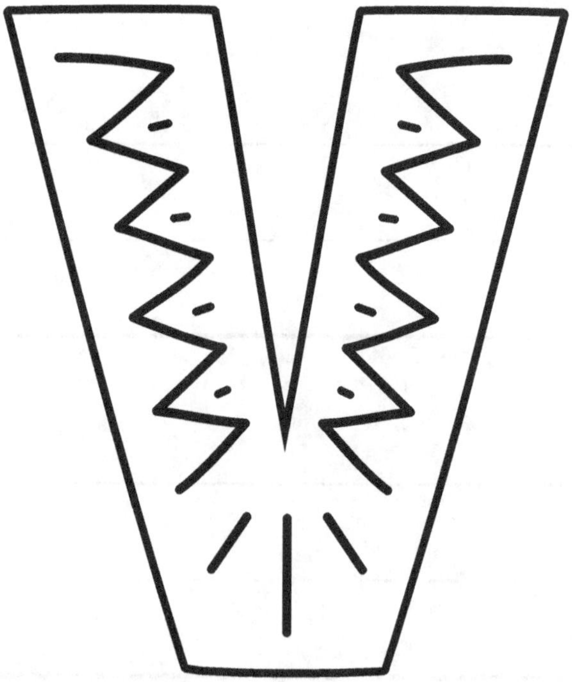

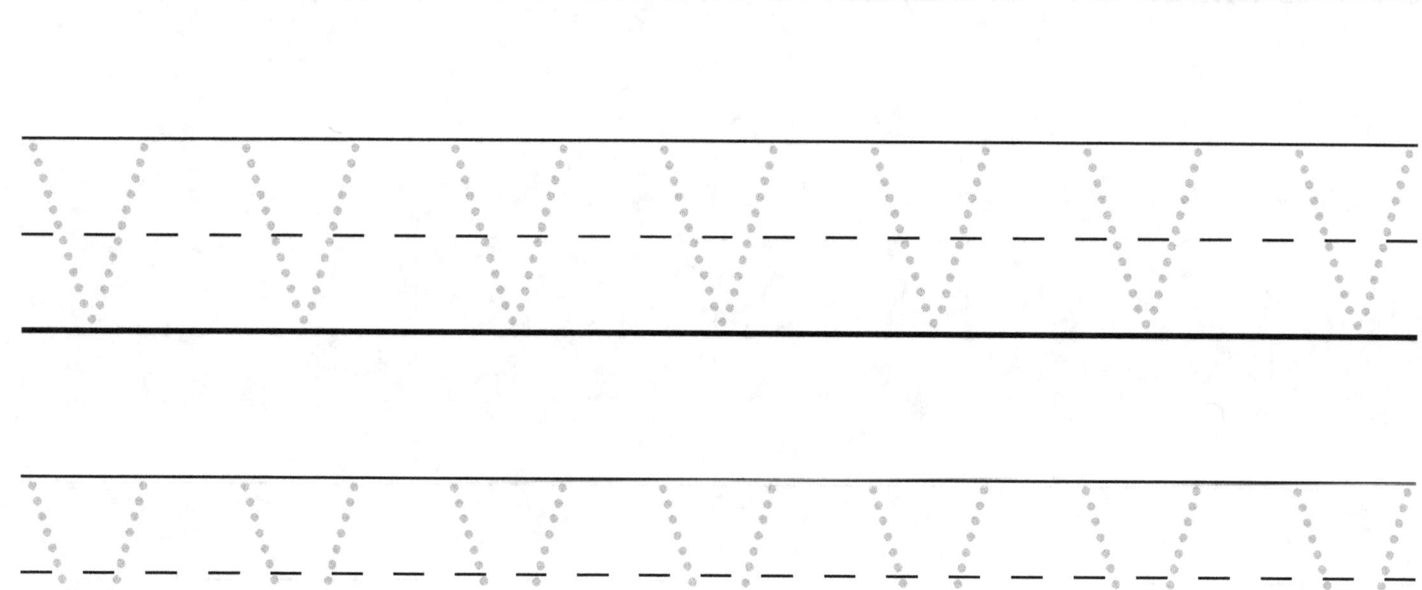

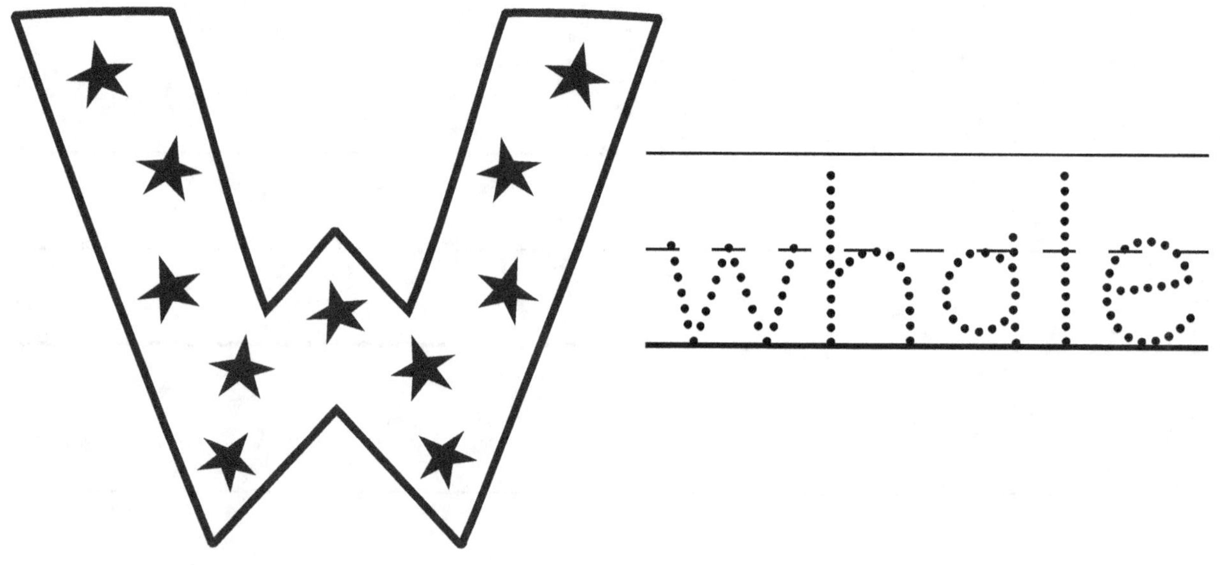

whale

W

W W W W W W W

W W W W W W W

W W W W W W W

W

x-ray

X X X X X X X X X X

X X X X X X X X X X

X X X X X X X X X X

X

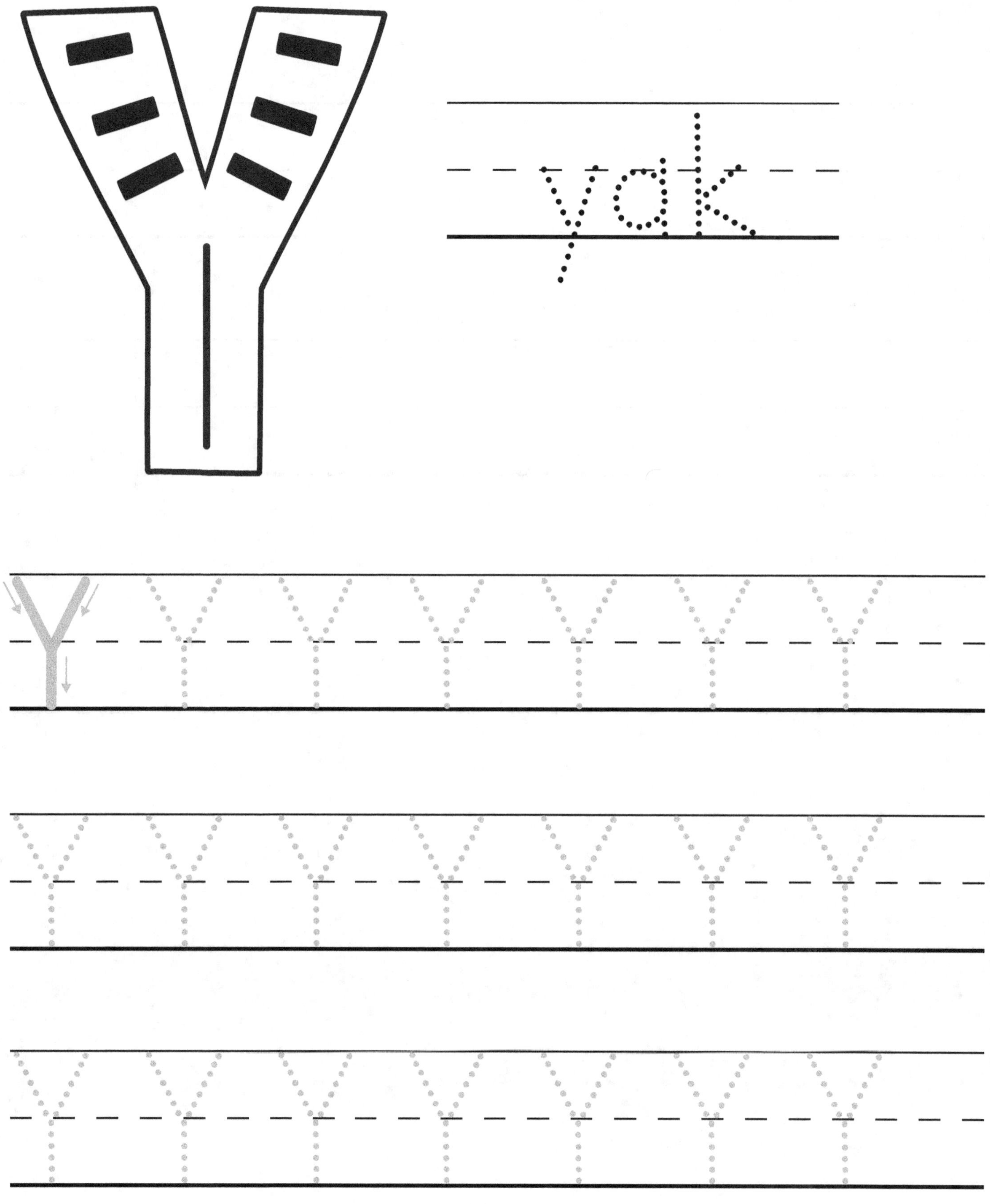
yak

y

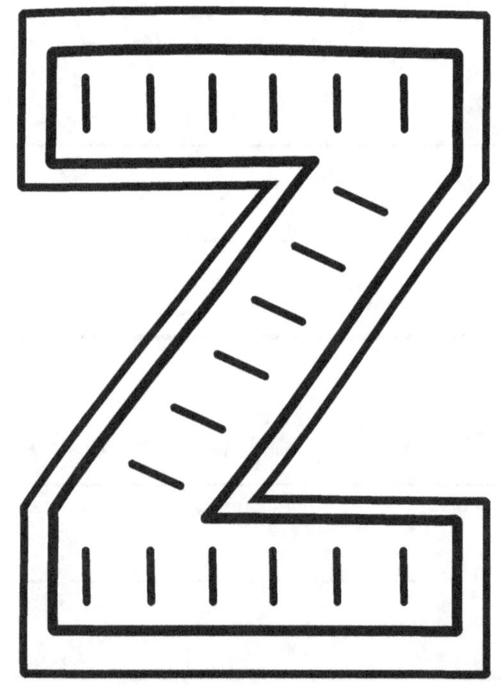

zebra

Z

I see _____ helicopter.

one one

1

1 1 1 1 1 1 1 1 1 1

1 1 1 1 1 1 1 1 1 1

one one

one one

I see 2 sailboats.

two two

2 2 2 2 2

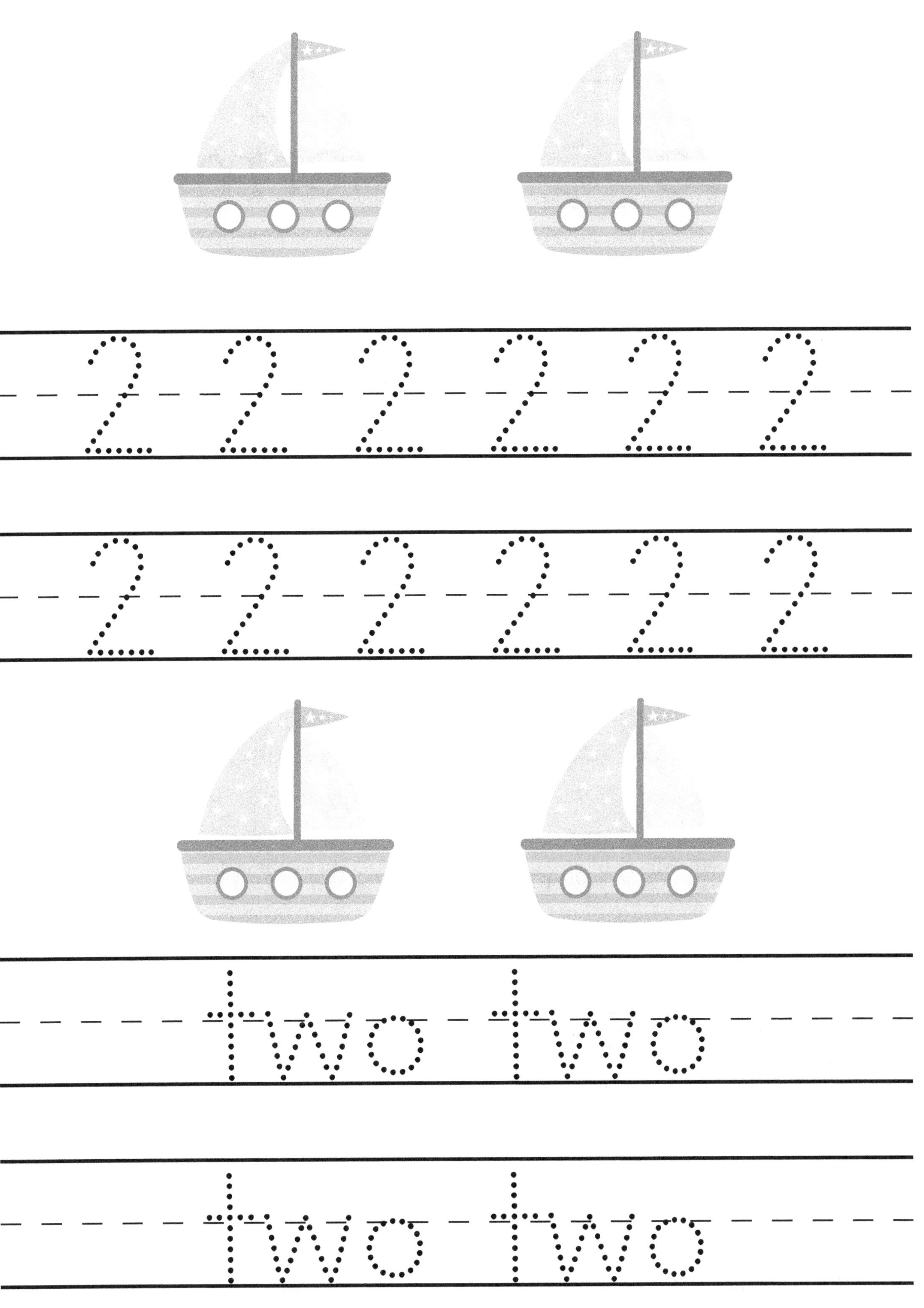

I see 3 mermaids.

three three

3 3 3 3 3

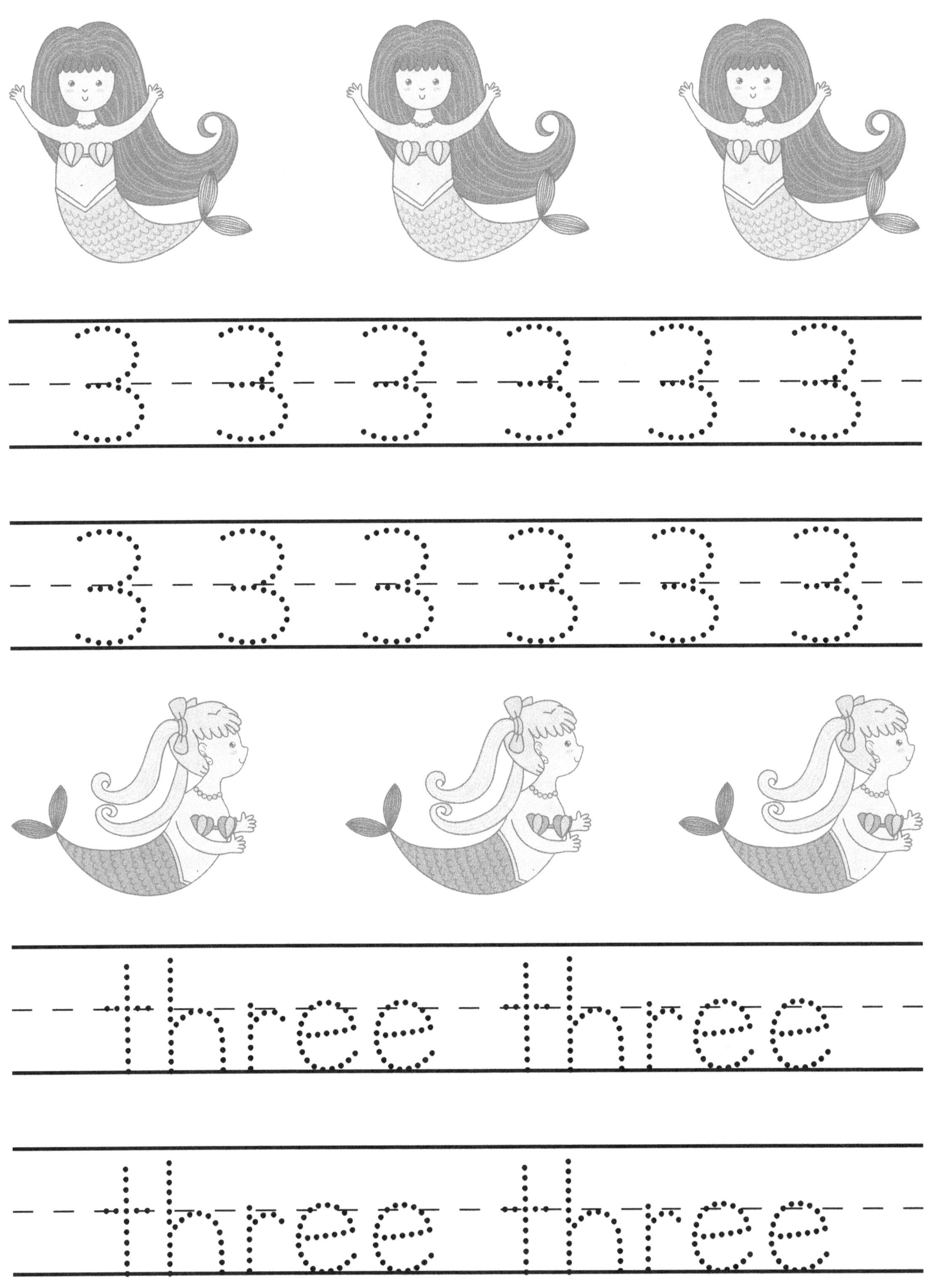

I see ____ flowers.

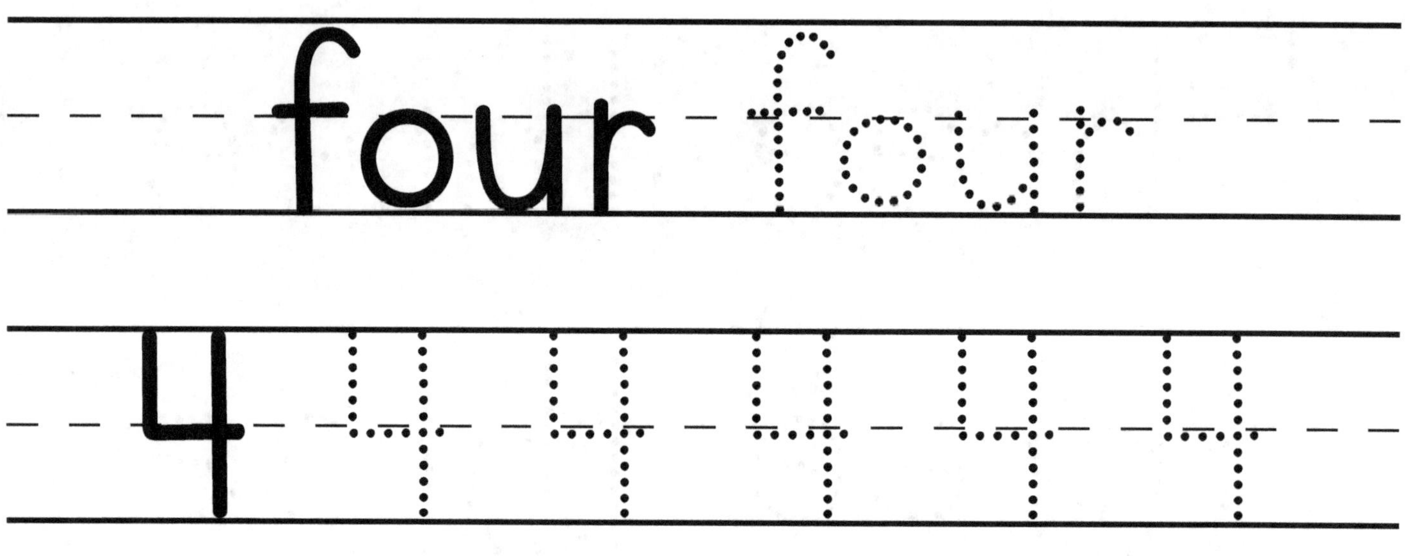

four four

4 4 4 4 4 4

I see __5__ boats.

five five

5 5 5 5 5

I see __6__ cars.

six six

6 6 6 6 6 6

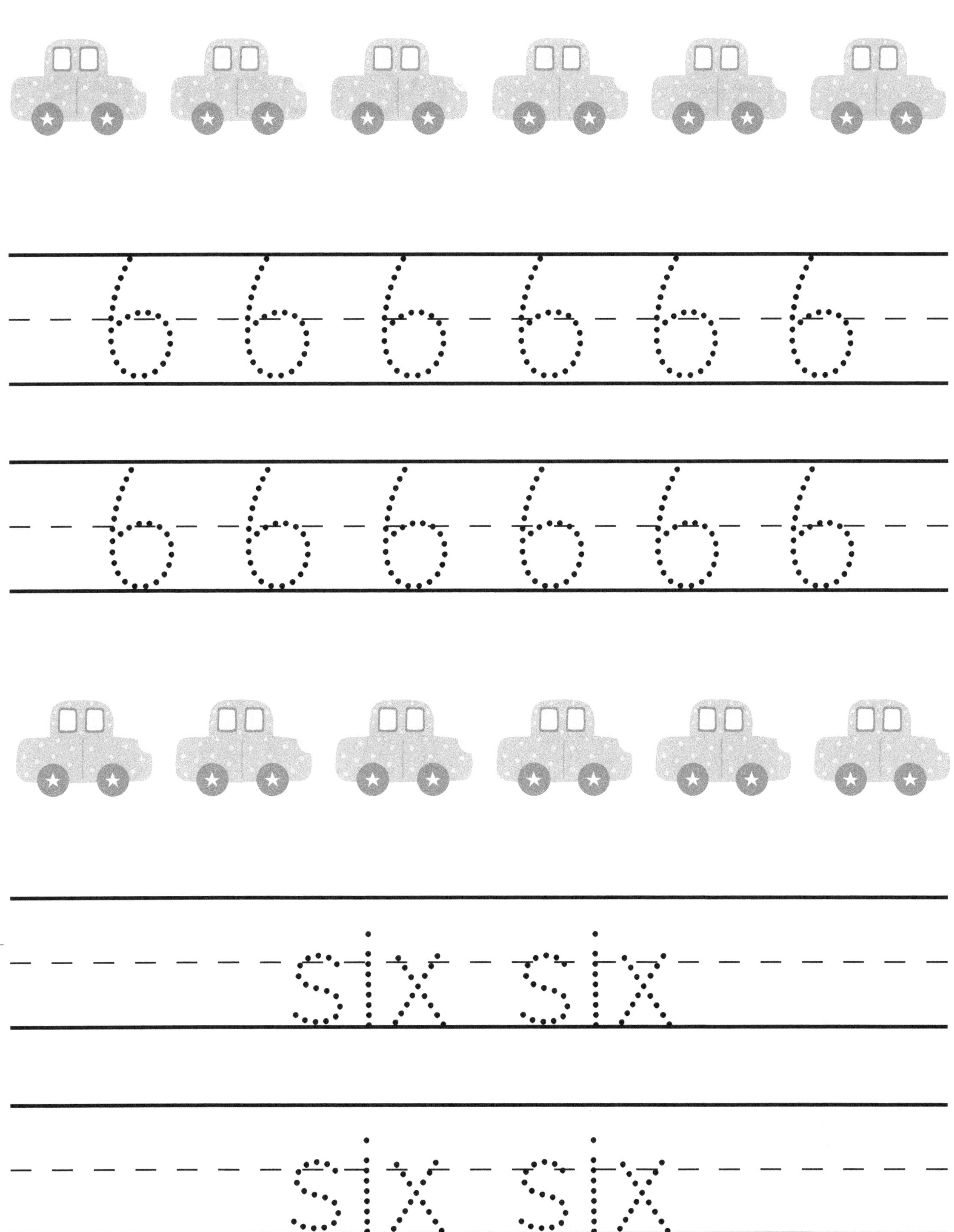

I see __7__ octopuses.

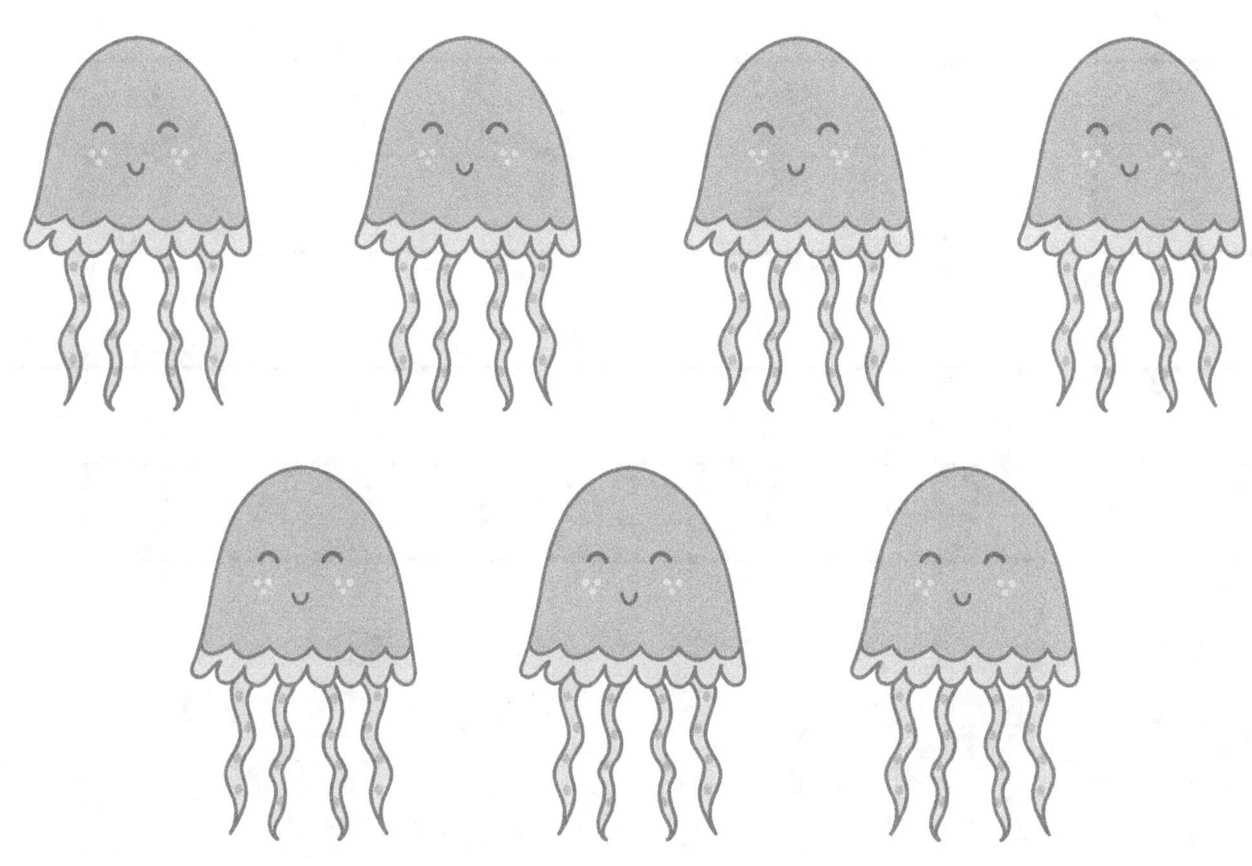

seven seven

7 7 7 7 7 7

I see __8__ fish.

eight eight

8 8 8 8 8 8

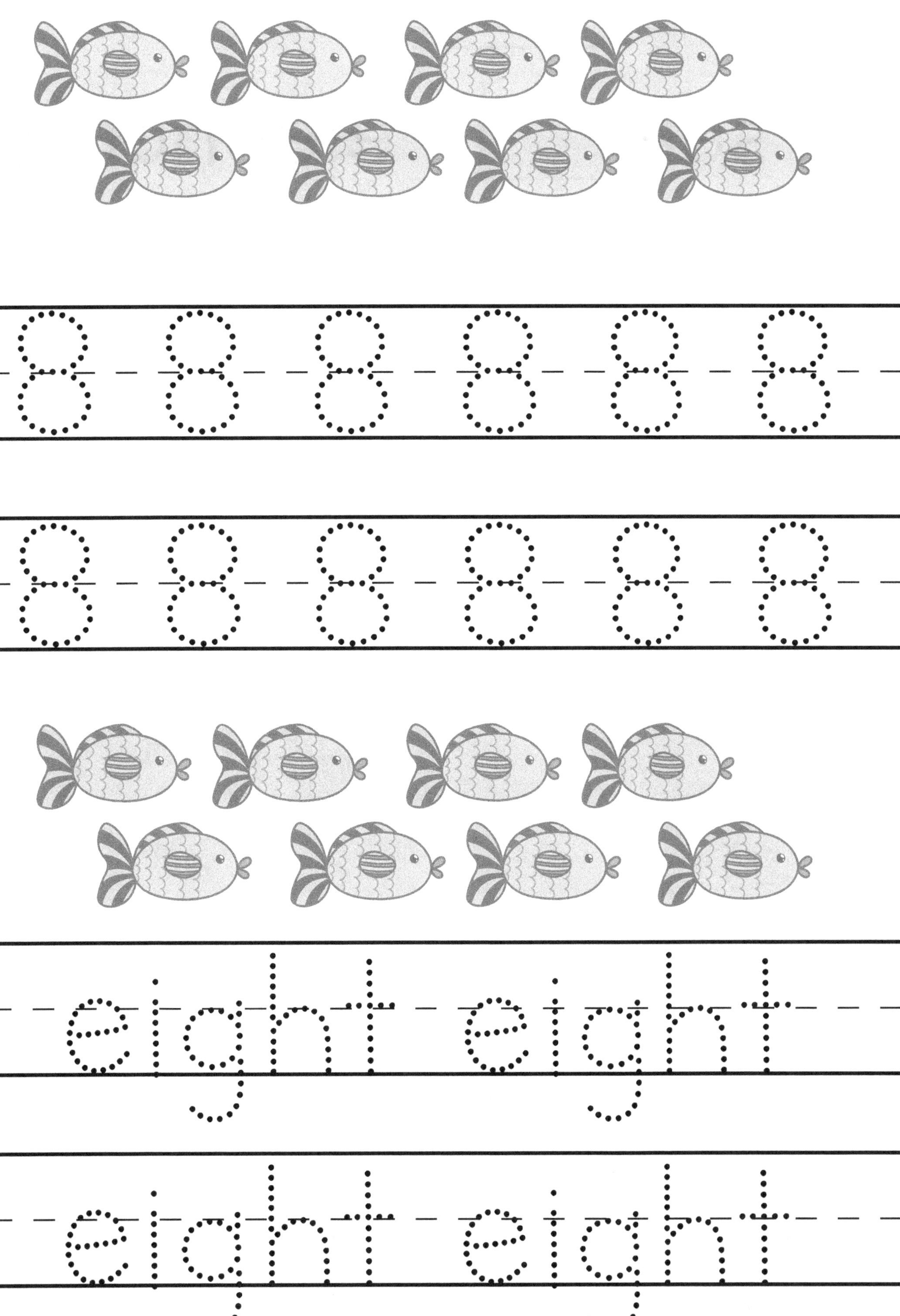

I see ___9___ elephants.

nine nine

q q q q q q

q q q q q q q

q q q q q q q

nine nine

nine nine

I see __10__ palm trees.

ten ten

10 10 10 10 10 10 10 10

10 10 10 10 10 10

10 10 10 10 10 10

ten ten

ten ten

I see _____ turtles.

eleven eleven

11 11 11 11 11

11 11 11 11 11 11
11 11 11 11 11 11
eleven eleven
eleven eleven

I see __12__ whales.

twelve twelve

12 12 12 12 12 12

12 12 12 12 12

12 12 12 12 12

twelve twelve

twelve twelve

I see __B__ snakes.

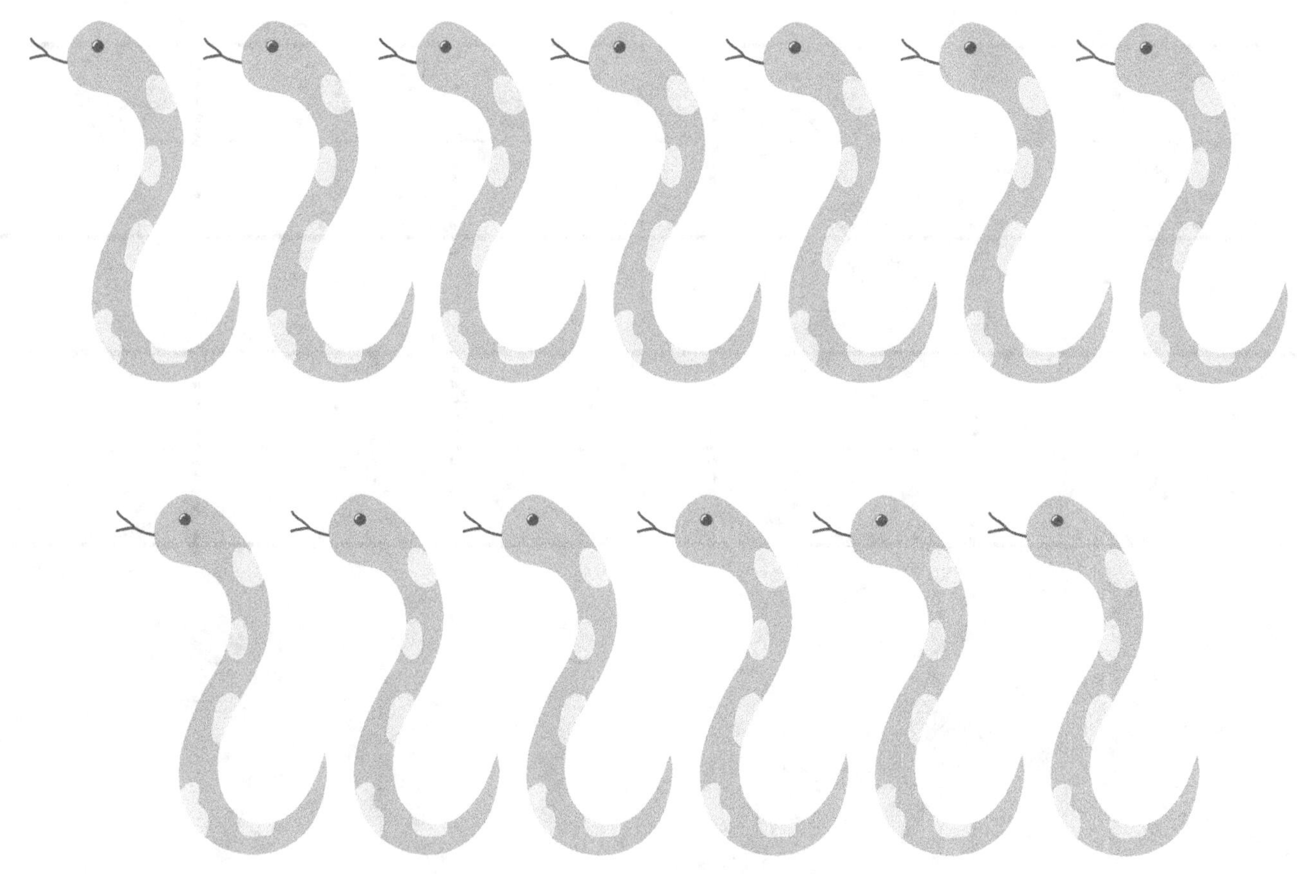

thirteen thirteen

13 B B B B

13 13 13 13 13

13 13 13 13 13

thirteen thirteen

thirteen thirteen

I see ___14___ feet.

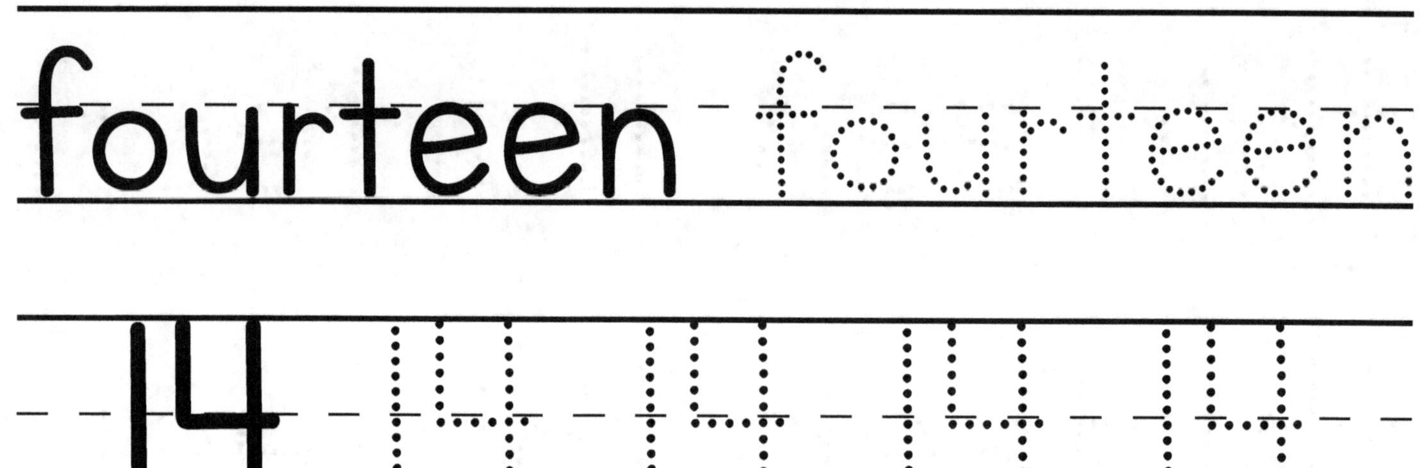

fourteen fourteen

14 14 14 14 14 14 14

14 14 14 14 14

14 14 14 14 14

fourteen fourteen

fourteen fourteen

I see 15 birds.

fifteen fifteen

15 15 15 15 15

I see __16__ bubbles.

sixteen sixteen

16 16 16 16 16 16

I see ___17___ balloons.

seventeen

17 17 17 17 17 17

I see **18** ducks.

eighteen

18 18 18 18 18 18

18 18 18 18 18

18 18 18 18 18

eighteen

eighteen

I see __19__ hearts.

nineteen

19 19 19 19 19 19

19 19 19 19 19

19 19 19 19 19

nineteen

nineteen

I see __20__ starfish.

twenty twenty

20 20 20 20

20 20 20 20
20 20 20 20
twenty twenty
twenty twenty

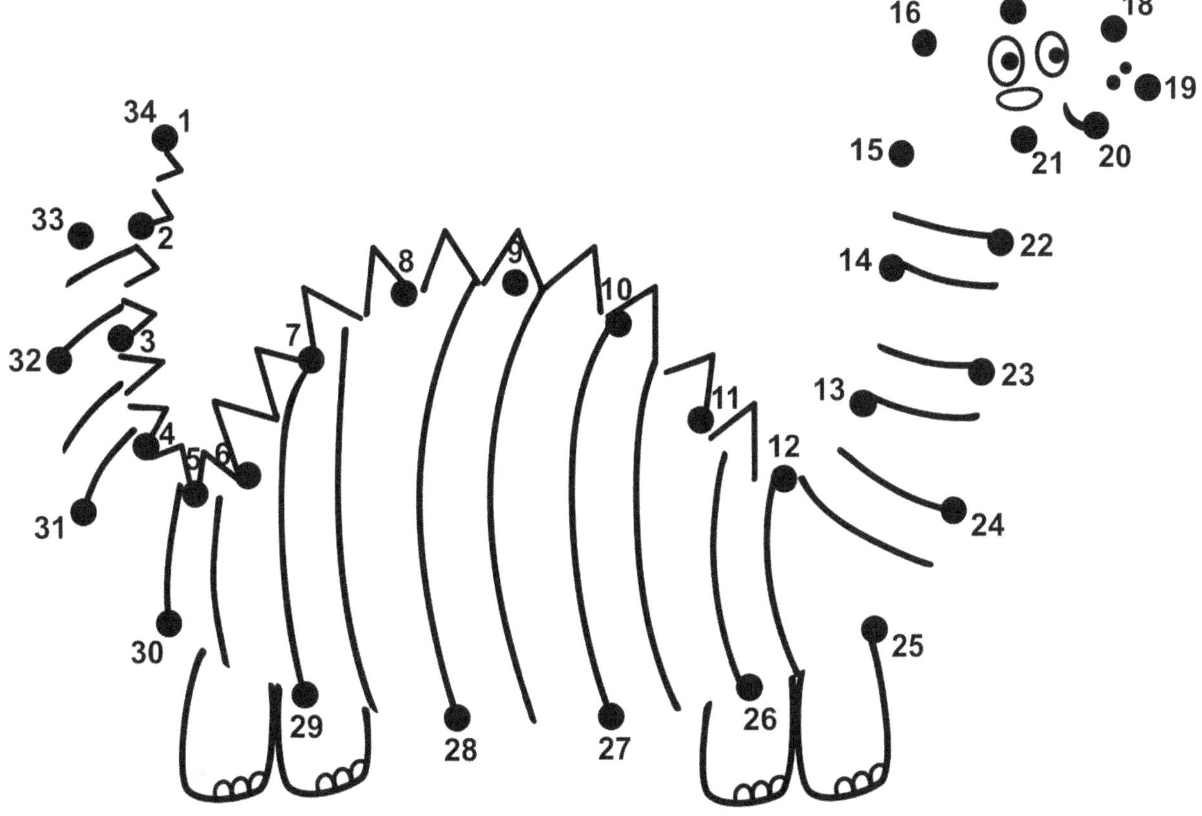

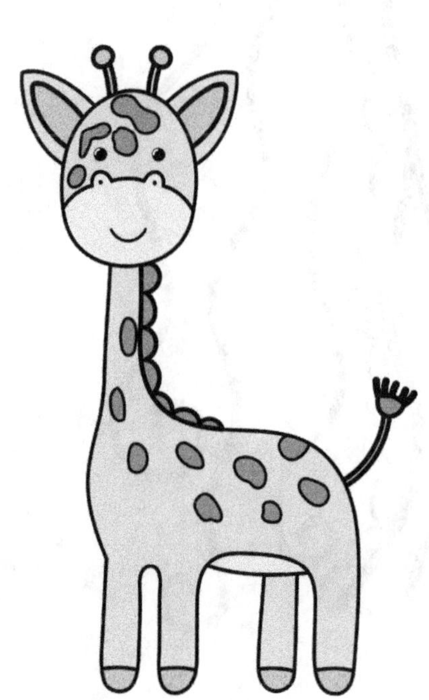

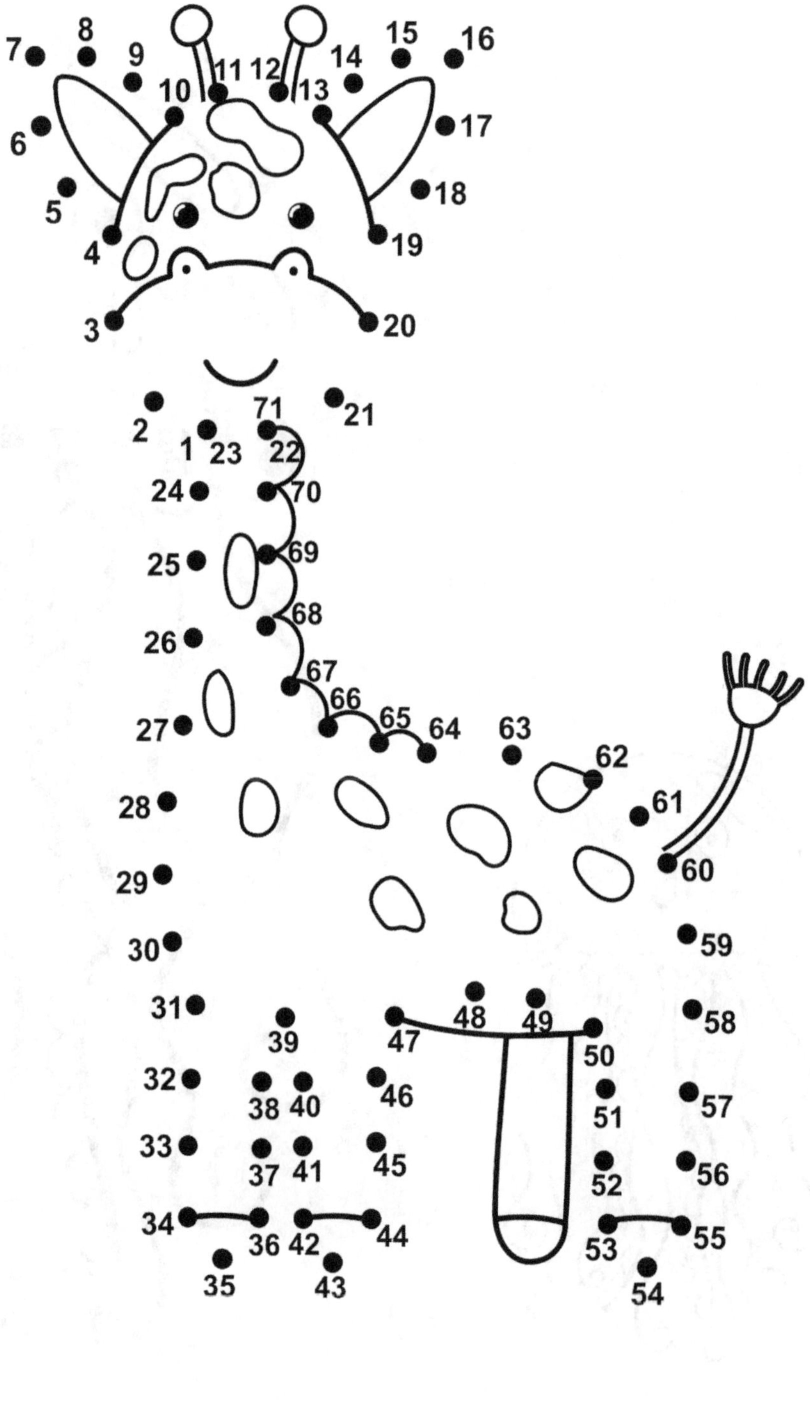
1
2
3
4
5
6
7
8
9
10
11
12
13
14
15
16
17
18
19
20
21
22
23
24
25
26
27
28
29
30
31
32
33
34
35
36
37
38
39
40
41
42
43
44
45
46
47
48
49
50
51
52
53
54
55
56
57
58
59
60
61
62
63
64
65
66
67
68
69
70
71

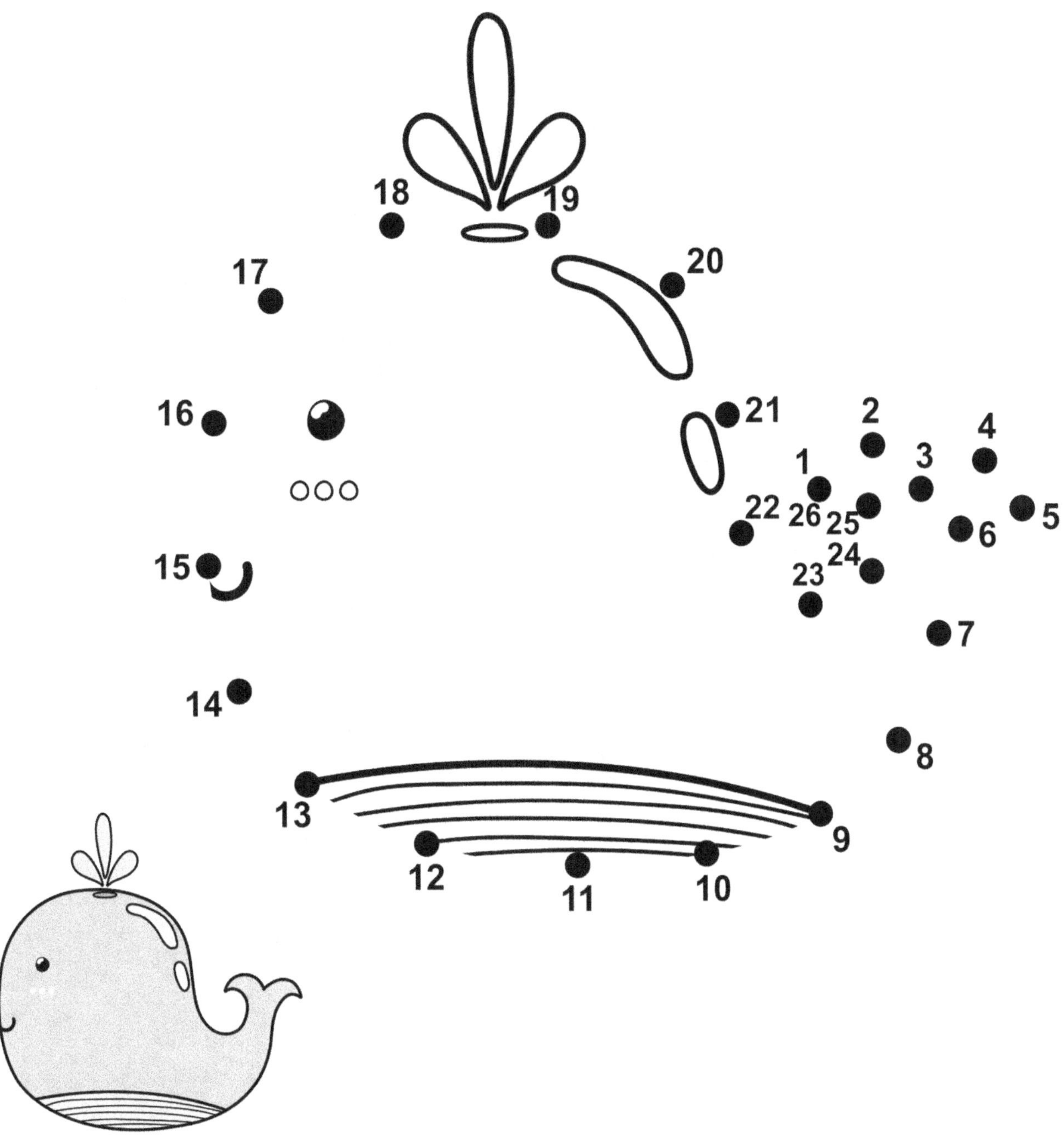

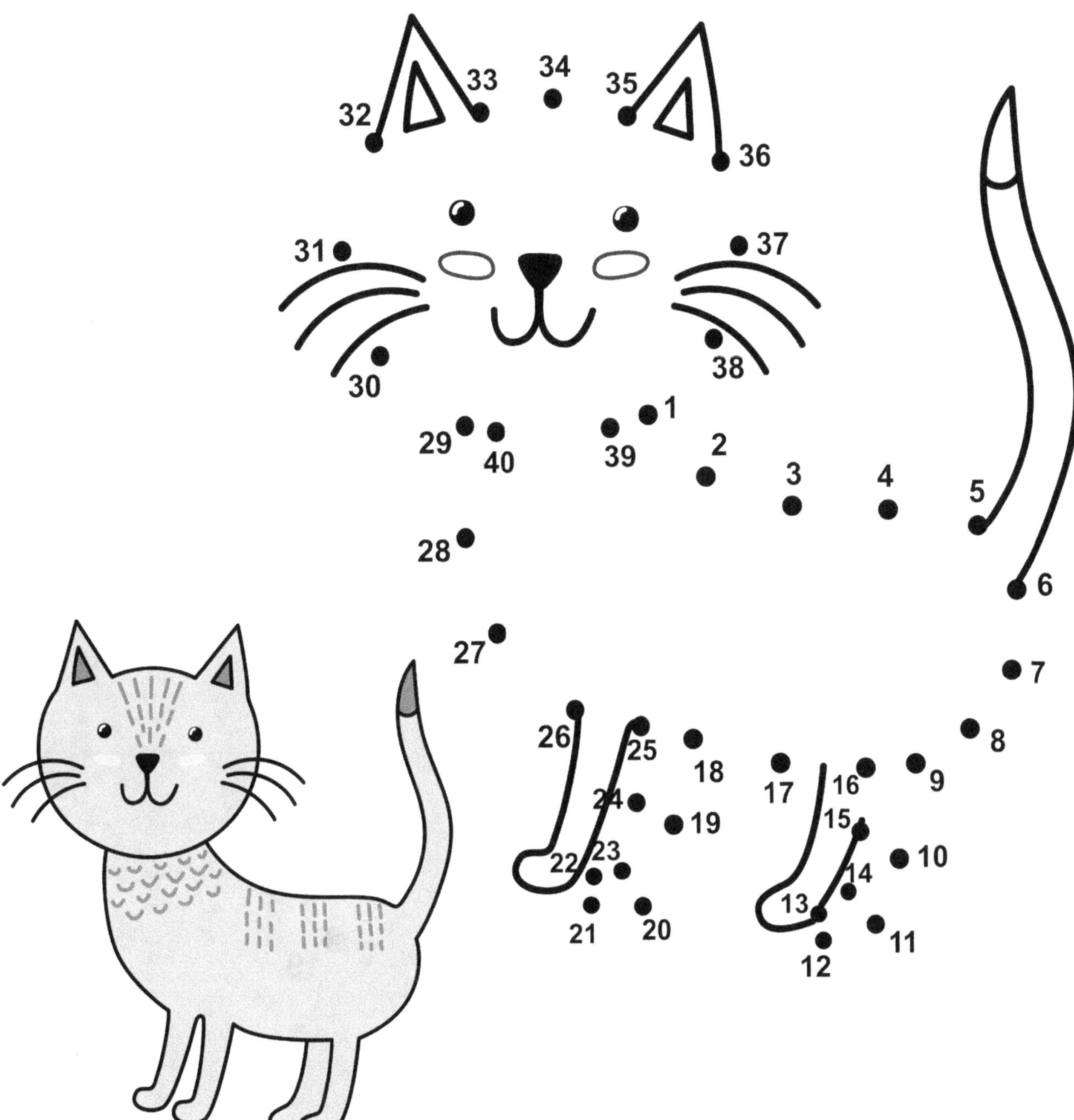

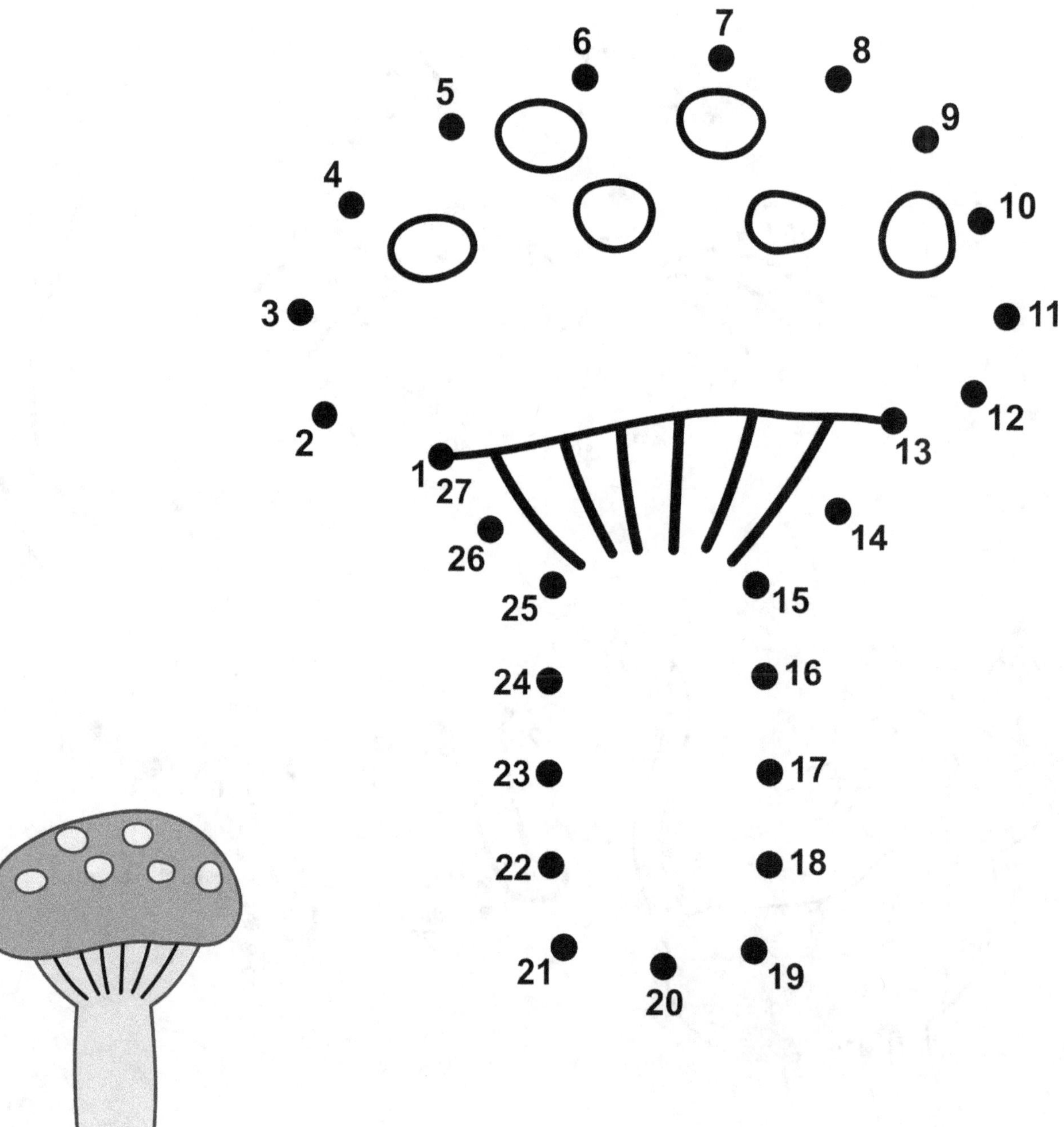

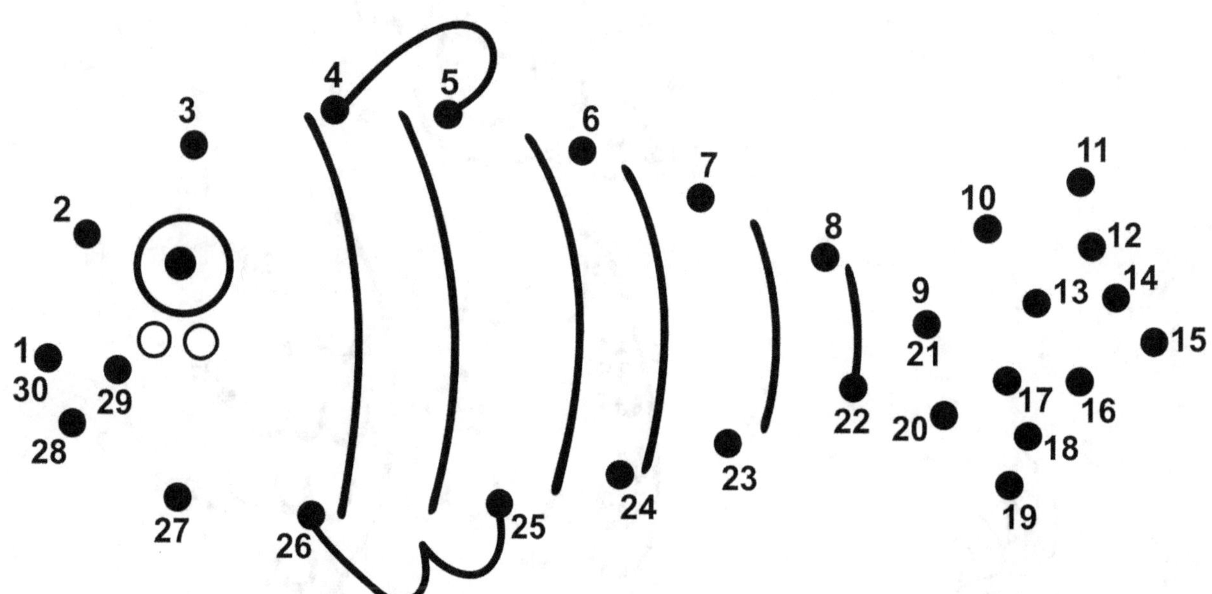

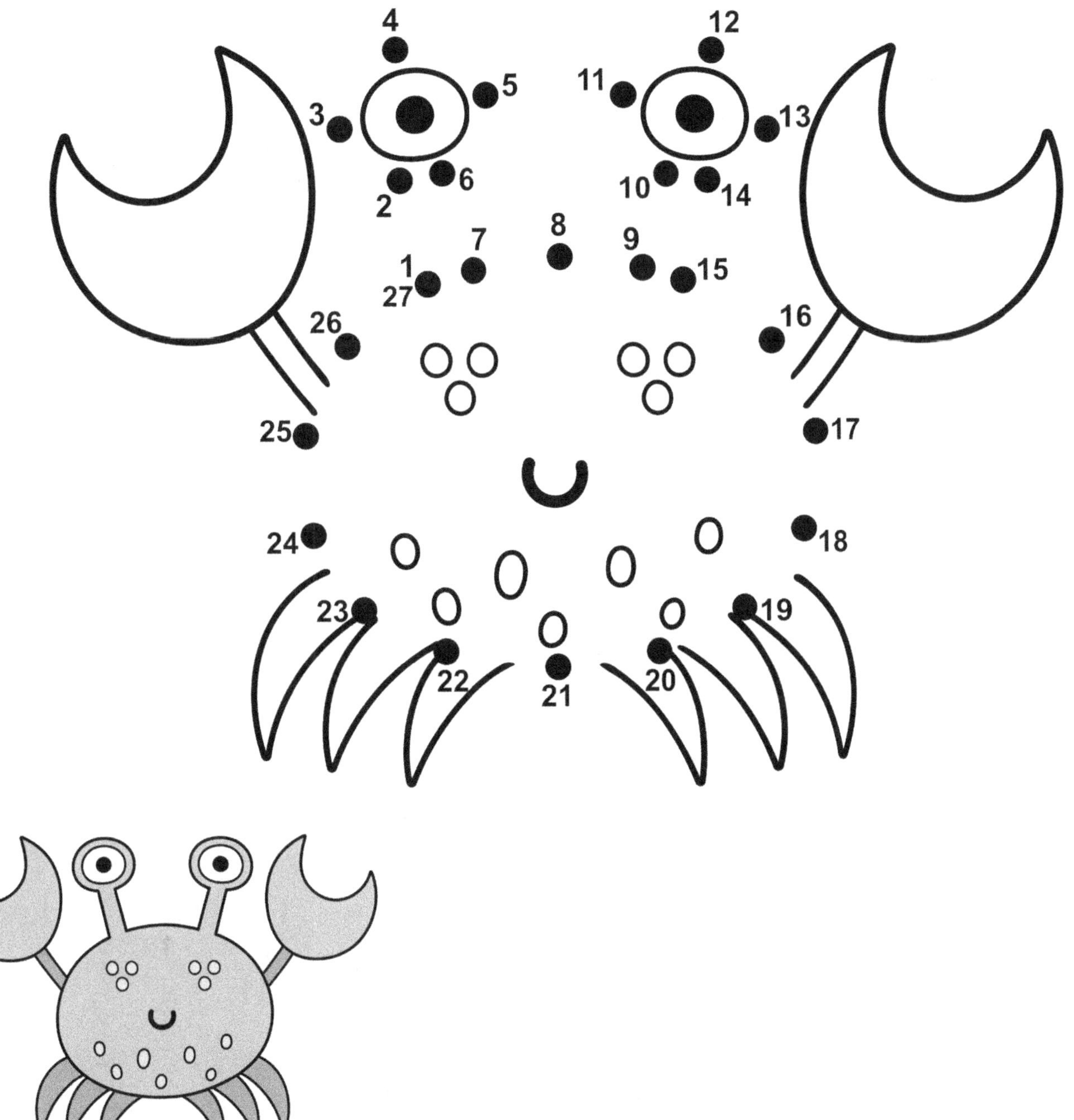

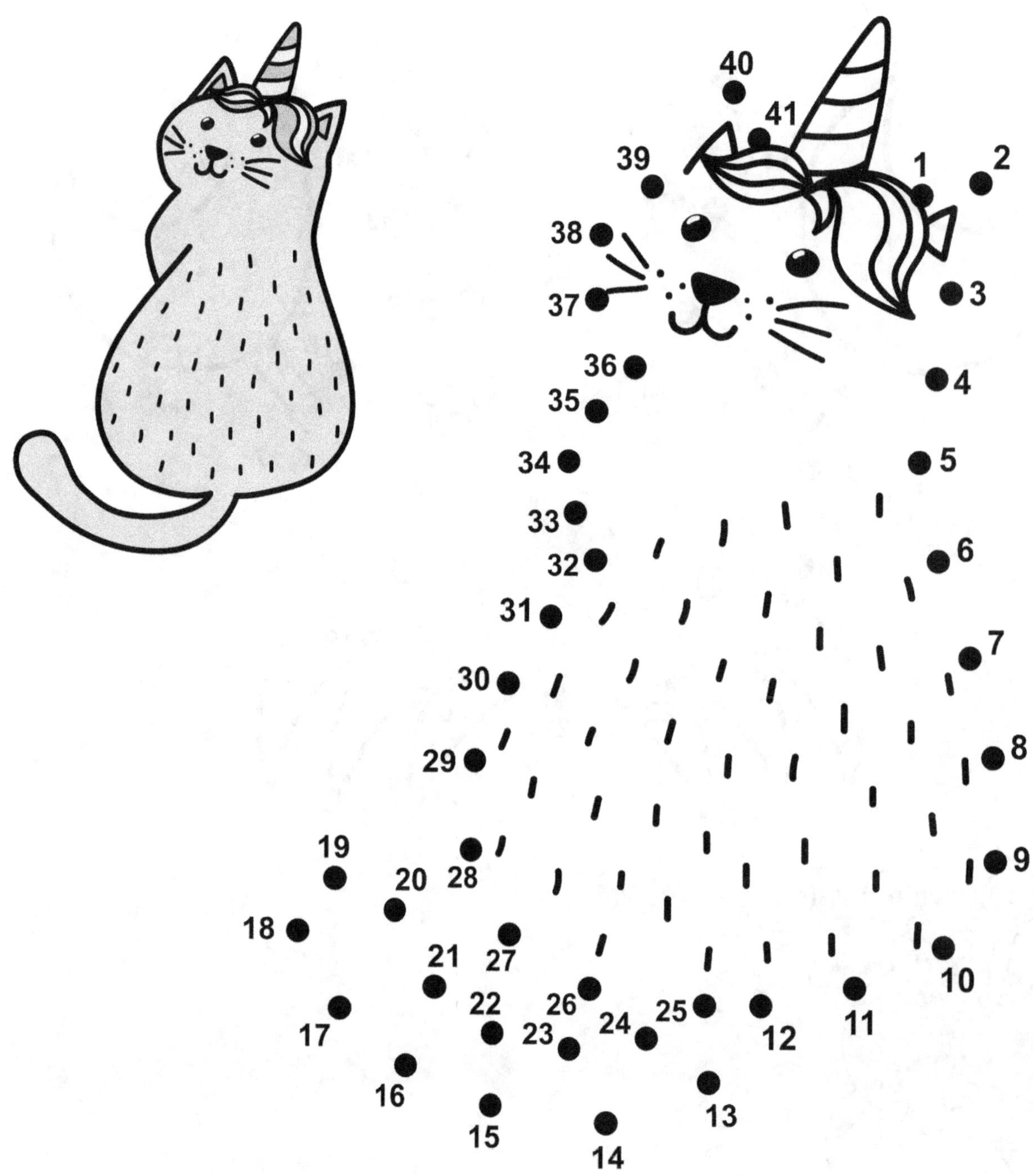

www.ingramcontent.com/pod-product-compliance
Lightning Source LLC
Chambersburg PA
CBHW081309250726
48662CB00008B/2468